Maria Montessori

ASSOCIATION
MONTESSORI
INTERNATIONALE
AMI

中国
MTC

Maria Montessori

THE FORMATION OF MAN

人的成长

蒙台梭利教育原著全译本

[意] 玛丽亚 · 蒙台梭利 著
郭景皓 郑艳 译

中国发展出版社
CHINA DEVELOPMENT PRESS

图书在版编目（CIP）数据

人的成长/（意）玛丽亚·蒙台梭利著；郭景皓，郑艳译．—北京：中国发展出版社，2023.7
ISBN 978-7-5177-1378-4

Ⅰ.①人…　Ⅱ.①玛…　②郭…　③郑…　Ⅲ.①儿童教育　Ⅳ.①G61

中国国家版本馆 CIP 数据核字（2023）第 105804 号

本作品中文简体字版本由国际蒙台梭利协会（The Association Montessori Internationale，Amsterdam）授权中国发展出版社出版。原著首次出版于 1950 年。

书　　　名：人的成长
著作责任者：［意］玛丽亚·蒙台梭利
译　　　者：郭景皓　郑　艳
责 任 编 辑：沈海霞
出 版 发 行：中国发展出版社
联 系 地 址：北京经济技术开发区荣华中路 22 号亦城财富中心 1 号楼 8 层（100176）
标 准 书 号：ISBN 978-7-5177-1378-4
经　销　者：各地新华书店
印　刷　者：北京博海升彩色印刷有限公司
开　　　本：880×1230mm　1/32
印　　　张：5.25
字　　　数：96 千字
版　　　次：2023 年 7 月第 1 版
印　　　次：2023 年 7 月第 1 次印刷
定　　　价：25.00 元

联 系 电 话：（010）68990642　68360970
购 书 热 线：（010）68990682　68990686
电 子 邮 件：841954296@qq.com
本 社 网 址：http://www.develpress.com

Foreword

出版前言

蒙台梭利教育至今已有百余年历史，而在我国真正开始传播与推广，不过三十余年。在这短短的三十多年中，尽管对蒙台梭利方法的理解仍有很多困难、矛盾，尽管已成立的蒙台梭利学校存在一些问题，蒙台梭利教育仍广泛流传并遍及全国。正像蒙台梭利所言："蒙台梭利方法的传播比任何一种现代教育方法都快。……蒙台梭利方法就像不断酝酿的酵母，又像随风播撒的种子一样，在世界各地安家落户。"

蒙台梭利教育的秘密到底在哪里？要想彻底弄清楚，除了研究她的原著，恐怕没有更便捷的路可走。在我国，自1985年北京师范大学卢乐山教授编著的《蒙台梭利的幼儿教育》一书出版至今，翻译引进的蒙台梭利原著仍不完整。此番中国发展出版社联合中国蒙台梭利国际教育培训中心（MTC），基于国际蒙台梭利协会（AMI）的授权与严谨审核，推出“蒙台梭利教育原著全译本”丛书，就是希望从基础的工作做起，帮助读者接触到真正的、完整的蒙台梭利原著；并希望有更多的研究者、实践者从基础的工作做起，懂得真正的蒙台梭利教育，传播、实践真正的蒙台梭利教育，为了孩子，也为了我们自己。

编者

2023年5月

Montessori in China

蒙台梭利教育在中国

早在20世纪初，随着《蒙台梭利教育法》中文译本的出现，蒙台梭利教育传入我国。当时我国著名的幼儿教育家陈鹤琴先生评价蒙台梭利说:“她的努力和功绩，揭开了幼儿教育新篇章，使幼儿教育面目一新。”1914年，江苏省成立了“蒙台梭利教育法研究会”。1923年，北京女子高等师范学校附属蒙养园开办了两个蒙台梭利班（1926年因人事变更而停办）。这些是蒙台梭利教育传入我国之初的情况。当时我国与世界其他国家同时接触了蒙台梭利教育，蒙台梭利教育一经引入，就受到国内幼教界的好评与欢迎。

然而，20世纪前半叶的中国，战乱不断、社会动荡，幼儿园数量少、规模小、经费有限，无力采用为人称道的蒙台梭利教育。20世纪20年代，蒙台梭利博士致函南京国民政府教育部部长，邀请中国派人赴罗马参加教师培训，并征集在中国实行该教育的报告及书籍。时任国民政府教育部部长蒋梦麟先生回复称“您的教具颇多，但不甚经济，中国多采用设计教学法，教材取自生活，不需购置教具”，又称中国没有实施蒙台梭利教育的报告文章及翻译的书籍等。蒋梦麟之言反映了我国当时的实情，蒙台梭利教育虽受到称赞，但未能传播开来。

1949年新中国成立，当时政府提出了学习苏联的方针，以苏联的学前教育模式改造中国的幼儿教育，将西方国家的幼儿教育思想及幼儿教育家视为资产阶级性质，持否定的态度。蒙台梭利及其创立的幼儿教育法同样未受到肯定。这阻碍了人们真实地了解蒙台梭利及其教育观，蒙台梭利教育思想被曲解；在实践中禁锢了蒙台梭利教育，致使其无人知晓，更说不上采用了。

1978年以后，历史掀开新的一页，我国学术界逐步走向务实，走向开放，开始纠正错误。打开国门后，我国幼教界前辈——北京师范大学教授卢乐山先生发现蒙台梭利教育依旧存在，并在世界范围内发展壮大，终于在1985年编著出版了《蒙台梭利的幼儿教育》一书。后来，人民教育出版社又相继翻译了蒙台梭利的四本专著，即《童年的秘密》《有吸收力的心理》《蒙台梭利方法》《教育中的自发活动》。同时，大学课程中对蒙台梭利思想的否定终止了，取而代之以对蒙台梭利教育的客观介绍。

随着我国改革开放的推进，境内与境外幼儿教育同行的交流日益深入，拉开了蒙台梭利教育理念和方法在我国幼儿园中应用的序幕，实践的成效渐渐显现出来。首先被吸引的是家长，他们希望自己的孩子也能接受这一良好的教育，渐渐地便有更多的幼儿园开设了蒙台梭利教育实验班。从沿海到内地，从大城市到中小城市，从单位办园、私人办园到教育部门办园，蒙台梭利教育在我国以惊人的速度普及，目前已遍及全国二十几个省、自治区和直辖市。

一些积极进行蒙台梭利教学研究的幼儿园，致力于蒙台梭利教育的本土化研究，取得了显著成效，并且仍在不懈努力地探索、研究与提高。然而，有很多蒙台梭利培训机构由于师资欠缺或为经济利益所驱动，对蒙台梭利教育的理念领悟得甚为肤浅，成效寥寥。对蒙台梭利教育理念不同程度的误解，也在焦急渴求优秀教育方法的家长中传播。

2007年，蒙台梭利的第一个儿童之家创立100年后，国际蒙台梭利协会在杭州成立了中国蒙台梭利国际教育培训中心。国际蒙台梭利协会将秉承玛丽亚·蒙台梭利博士的教育理念，在中国开展一系列学术支持活动，这标志着更高水准的蒙台梭利理念开始在中国传播开来。

（此为中国蒙台梭利国际教育培训中心授权中国发展出版社出版此书时撰写）

Brief Intro of Maria

蒙台梭利生平

在很多方面，玛丽亚·蒙台梭利都超越了她所处的那个时代。

她是意大利历史上第一位女医学博士；她是著名的科学家、女权主义者，现代教育史上伟大的教育家；她是儿童的爱护者。她关于儿童成长与发展方面的发现，以及后来依据这些发现而发展起来的科学教育体系极具革命性。即使到今天，距蒙台梭利博士所创建的第一个儿童之家成立已经100多年了，她教育方面的理念仍具有独特的价值，鼓励着很多人去关注儿童，积极地为教育改革提供意见、方向和机会。

1870年，蒙台梭利出生于意大利安科纳地区基亚拉瓦莱小镇。早在学生时期，蒙台梭利就对自然科学产生了浓厚的兴趣。1890年，蒙台梭利排除了重重阻挠，在罗马大学注册研读医学。

毕业后，蒙台梭利在罗马大学儿童医院儿童心理诊所担任助理医师，着重服务于精神方面有障碍的儿童。蒙台梭利观察到，那些孩子就像“牢房里的囚犯”，她开始设法帮助他们。她给予他们一些东西，并留意他们的反应。通过细致的观察，她渐渐明白智能问题在很大程度上是教育的问题，而非医学的问题。她开始科学地创造和运用教具，并利用这些教具辅助孩子们学习。孩子们的进步非常快，大多通过了规定的测试，有些孩子的表现甚至超过了正常的孩子。

1907年，蒙台梭利在罗马劳工区圣罗伦佐成立儿童之家，同那里的孩子一起工作。这些孩子来自穷苦家庭，但智能发育正常。通过观察和实验，她总结出了初期的蒙台梭利教育原则：重复、工作和选择的自由。结果超乎寻常！这些孩子变得有礼貌、独立、能够自理并善于照顾伙伴。他们形成了自尊的意识，而在这之前，在他们身上是看不到这些品质的。他们不需要奖励，会为内在的满足感而工作。儿童之家的第一群孩子被称为“神奇的儿童”，引起了社会广泛的关注。

随后，蒙台梭利应邀建立了更多的学校。她发现：通过与环境的互动，这些孩子精神上得到了“痊愈”。尽管一开始她自己也为这些孩子的成就（自发的写字和阅读、极度专注、内在的自律、寓乐于学）所震惊，但是通过持续的观察，她发现这些是所有孩子身上都有的正常品质和能力。此外，她发现，孩子可以进行自我教育。这一简单而又深刻的事实鼓励着蒙台梭利毕生都为教育改革而奋斗。

很快，许多国家和地区纷纷建立起蒙台梭利学校。1913年，蒙台梭利首次访问美国。同年，贝尔和他的妻子在华盛顿成立蒙台梭利教育协会，对该协会鼎力支持的还有托马斯·爱迪生和海伦·凯勒。

1922年，蒙台梭利被任命为意大利政府的督学。由于反对墨索里尼法西斯主义，1934年她被迫逃往西班牙。1936年，西班牙内战爆发，她移居荷兰。1939年，蒙台梭利受邀访问印度，战争使她被迫停留在印度，直到20世纪40年代末。她在儿子马利奥的协助下，在印度多次主导了蒙台梭利训练课程，这些课程为印度的蒙台梭利教育活动奠定了坚实的基础。在那里，她发展出宇宙教育的原则和地球儿童计划。

鉴于她的工作为世界教育领域注入了新的理念，扩充了世人的理解，蒙台梭利于1949年、1950年和1951年连续三年获得诺贝尔和平奖的提名。

1952年，玛丽亚·蒙台梭利逝世于荷兰，但是通过国际蒙台梭利协会，她的事业得以长存。国际蒙台梭利协会是蒙台梭利于1929年成立的一个组织，旨在开展她的工作。自第一家蒙台梭利儿童之家成立，不计其数的孩子的生活得以改变。在美国，私立蒙台梭利学校的总数超过5000所，200所以上的公立学校使用蒙台梭利式的教育课程。这是世界上普及的教学法，目前在六大洲拥有超过28000所学校，造福从零岁到青春期的孩子。

（此为中国蒙台梭利国际教育培训中心授权中国发展出版社出版此书时撰写）

人的成长

The Formation Of Man

Contents 目录

Part 1 偏见与星云

Part 2 科学和教育中的偏见

Part 1

偏见与星云

引　　言

什么是蒙台梭利方法？我们可以将其理解为“为使人的个性获得独立而给予的帮助”，或“把人的个性从传统教育偏见的压迫中解救出来的一种手段”。

矛　　盾

自我们正式开展工作到现在[1]，已有差不多半个世纪之

---

① 即本书成书的年代，1950年。——编者注

久。1907年，第一所“儿童之家”成立。几乎自儿童之家落成开始，我们这种关于儿童教育的新理念、新方法就在全世界流传开来。在此期间，发生过两次席卷欧洲乃至全球的战争，由此引发的社会动乱也未能摧毁这场教育运动——它已在许多国家扎根。

随着时间的推移，我们对儿童教育的重要性更加深信不疑，我们希望能够为这项工作注入新的活力，使之成为重建现代社会的有效途径。因为现代社会被历史上最可怕的灾难肆意破坏，已经面目全非。

我觉得自己仿佛正面对一个充满活力的新家庭，它必然会沿着我们所开拓的道路向前迈进。尽管它年轻力壮，但仍十分需要信心和希望。

我想在本书中明确一下我们这项工作的定位。为什么人们在谈论“蒙台梭利学校”和“蒙台梭利方法”的时候，会有那么多的困难、那么多的矛盾和那么多的不确定？尽管存在诸多问题和困惑，我们的学校依然在发展，甚至在遥远的国度都得以壮大。在美国、丹麦、印度、尼日利亚、锡兰（今斯里兰卡）等地都能找到蒙台梭利学校，事实上，蒙台梭利学校已遍及世界上每一个角落，惠及人类每一个种族。

非洲人和印度人在他们贫穷落后的农村地区创办的那些学校，可以算是蒙台梭利学校吗？或者说，在西方国家设立的那些蒙台梭利学校，都是完美的吗？专家们会说，在那些学校中，可能没有一所真正的好学校存在；然而，所有人都同意这样的观点：蒙台梭利方法的传播比任何一种现代教育方法都快。如果那些蒙台梭利学校真的一无是处、空有其名，怎么解释这种普遍性或者说流行呢？怎么解释很多国家为了实行蒙台梭利教学法，而尽力扫除各种障碍，甚至不惜修改法令？没有任何宣传活动——既没有杂志报道，也没有广告介绍，当时只有一些通常的参观访问，也只有为数不多的几个没有统一调度的组织负责协调，蒙台梭利方法究竟是怎么传播到那么远的地方去的呢？蒙台梭利方法就像不断酝酿的酵母，又像随风播撒的种子，在世界各地安家落户。

还有一个很明显的矛盾：蒙台梭利方法似乎是自我中心的，喜欢特立独行，不愿与其他方法混合；然而，没有其他任何一种方法能像蒙台梭利方法一样，把握所有可能的机会，极力倡导并敦促世界的友好团结与安定和平。

所有的这一切都是矛盾的，甚至可以说是神秘的。

今天，教育领域出现了很多重要的理论流派和专家学者，如新教育协会[1]就希望通过自身的努力，使蒙台梭利方法与其他不断涌现的新方法保持和谐融洽的关系，并促进这些方法的合作。世界各地都在期盼着决定性的一步，使所有那些以不同方法教育孩子的人们的努力可以形成合力。当前普遍的趋势，是要让蒙台梭利教育方法突破孤立的境地，得到更多学者的重视和学生的喜欢，尤其是要改善并扩大对蒙台梭利教师的培训。我知道有不少为蒙台梭利教育献出毕生精力的人，也正在面临着如何与其他方法和思想相融合的问题。

另一个奇特的现象是，蒙台梭利教育方法最初是为学前教育设计的，可是现在已经延展至小学和中学阶段，甚至扩展到高等教育阶段。

荷兰有五所蒙台梭利中学（即公立的中学），均收到了令人满意的教育效果。因此，荷兰政府不仅给予它们额外的补贴，同时还赋予它们与其他中学一样的认证与办学的自主权。在巴黎一所私立蒙台梭利高中，我看到那里的学生都很自信，与法国其他高中生相比，他们性格更独立，也不像其他学生那样畏惧考试。在印度，很多人认为创建

---

① 新教育协会，1921年在法国的加雷市成立，1966年新教育协会改名为“世界教育协会”，出版《新时代》杂志，宣传新教育理论。——译者注

蒙台梭利大学是非常必要的。

同时，蒙台梭利方法也在向低龄方向延伸，被应用于三岁以下幼儿。在锡兰，两岁的幼儿即可进入蒙台梭利学校，有些家长甚至要求学校接收一岁半的孩子。在英国，很多托儿所开始应用蒙台梭利方法。在纽约，一些蒙台梭利托儿所已经成立。①

那么，这种从新生儿到大学生通用的方法到底是什么？其他的教育方法并没有如此广泛的功能。

举例来说，福禄贝尔②的方法只适用于学龄前儿童；裴斯泰洛齐③的方法局限于小学；赫尔巴特④的方法适合于小学和中学。现代教育方法也不例外，我们发现德克罗利⑤的方法主要适用于小学；道尔顿制教学法⑥适用于中学；等

---

① 第二次世界大战结束之后，在罗马成立了一个蒙台梭利培训机构，“婴幼儿辅助者”在这里接受协助分娩方面的培训。蒙台梭利博士通过心理学实验研究和长期的观察发现，生命最初的那几年是一个人发展的关键期。参见玛丽亚·蒙台梭利的著作《吸收性心智》。——英文版注

② 福禄贝尔，德国教育家，被公认为19世纪欧洲最重要的教育家之一，现代学前教育的鼻祖。——译者注

③ 裴斯泰洛齐，瑞士教育家和教育改革家。——译者注

④ 赫尔巴特，德国哲学家、心理学家，科学教育学的奠基人。——译者注

⑤ 德克罗利，比利时医生、心理学家、教育家。——译者注

⑥ 道尔顿制教学法，由美国的帕克赫斯特于1920年在马萨诸塞州道尔顿中学所创行。——译者注

等。人们确实已经改进了传统的教育方法，但某个特定学段的老师不能担任其他学段的教学工作。没有一个中学老师会使用学前教育阶段的教学方法，更不用提应用在托儿所的方法了。当前，各种教学方法仍在不断地涌现出来，不过各自所覆盖的年龄阶段界限分明，其应用也仅限于特定的学校当中。

用福禄贝尔方法教高中的设想纯属无稽之谈，将托儿所教育引入大学的主张亦是异想天开。

那么，为什么人们会认真考虑将蒙台梭利方法延伸至各教育阶段？这意味着什么呢？人们所认为的“蒙台梭利方法”究竟是什么呢？

经常有人拿蒙台梭利学校或蒙台梭利方法来做比较。比如在英国，有人将托儿所和蒙台梭利学校比较，主要是比较它们使用的玩具、教具，以及它们对待儿童的方式，以期得出二者的相似之处并将二者结合起来。在美国，研究者通过对福禄贝尔幼儿园和蒙台梭利“儿童之家”的比较研究，发现了二者的很多相似之处。通过比较蒙台梭利的教具和福禄贝尔的恩物，研究者一致认为两者效果都非常不错，因此主张将两者结合在一起使用；两者也存在分歧，比如在童话故事、玩沙、教具的使用方式和其他细节上，仍有待进一步讨论。此外，对蒙台梭利在小学阶段的教学方法、阅读、写作和算术等方面的问题亦需再议。尤其是对蒙台梭利坚持在幼儿早期教授几何和其他稍显深奥的科目，存在相当多的争议。在中学阶段的教学问题上，人们也各执己见。有人认为，蒙台梭利教师不够重视那些以现代教学方法为特征的运动、游戏和某些活动，而这些活动利用了很多较为先进的机械工艺和手工艺。不过，问题的焦点是，蒙台梭利学校的课程方案应该与规范中学的课程方案保持一致，否则学生很难升入大学继续深造。

总之，大家都陷入了迷惘。

什么是蒙台梭利方法？

人们希望通过言简意赅的论述，弄清楚蒙台梭利方法到底是一种什么样的方法。

假如我们不考虑“方法”这个名称，也抛开对“方法”的一般认识，那么所谓“蒙台梭利方法”就比较简单易懂了。我们要考虑的是人类性格，而非教育的一种方法。我们可以将“方法”理解为“为使人的个性获得独立而给予的帮助”，或“把人的个性从传统教育偏见的压迫中解救出来的一种手段”。这种解释强调的是人类性格，而非某种特定的教育方法。我们必须以“保护儿童权益，科学地认知他们的天性，向社会宣告他们的权利”，来取代构想教育理念的那些支离破碎的方式。

人格为人类所共有。不管是欧洲人、印度人，还是中国人，都同属人类，都具有各自的人格。如果能找到某种帮助人的个性发展的生活条件，它必定会涉及并影响所有的国度。

那么，何谓人的个性？从哪里开始？人何时成为人？这很难确定。按照《圣经·旧约》的说法，人被创造时即是成人；而在《圣经·新约》中，耶稣是以婴儿身份出现的。毫无疑问，从本质上来说，人格只有一个，且贯穿不同的发展阶段。不管我们所认为的人类是什么，不管处于哪个年龄阶段，不管是小学生、少年、青年还是成人，都是从孩子开始逐渐长大成人，其间人格的协调一致从未改变过。既然人的个性在各个不同的发展阶段都是完整的统一体，我们就应该构建一种涉及各年龄阶段的教育原则。

事实上，我们在最近开设的课程中，把孩子称为“人”。

我们未曾真正认识的“人”

人类以婴儿的形态来到世间，其成长发育之快，实在是一个奇迹。新生儿尚不能运用语言与他人沟通交流，也不具备其他能够充分代表他的个人习惯的典型特质。他的智慧尚未发展，没有记忆，也没有意志力，甚至连自己挪动身体和站立的能力都不具备。尽管如此，这个新生儿却能陆续完成真正的心智创建：两岁时，孩子能够说话、行走，辨认环境中的人和事物；到五岁左右，他的心智已获得相当的发展，可以入学接受正规教育了。

现在，科学界对生命最初两年中幼儿的心理有极高的研究兴趣。数千年来，人类对幼儿熟视无睹，对这种天性本能的奇迹视而不见——人类性格中智力的形成确实是个奇迹。人类性格到底是怎样形成的？经由哪些过程？遵循哪些规律？如果整个宇宙都遵循固定的规律及法则，人类心智的形成就绝不可能杂乱无章，无轨可循。世间万物的发展都经历了复杂的进化过程，人类也是如此。一个五岁的孩子在成为一个智慧的生命体之前，必定经历过一段建构的历程。

我们必须承认，目前这个领域仍有待进一步开发，有关人格形成的过程仍是现代科学知识上的一片空白，是一块未开发的处女地，是一个未知数。在我们今天所达到的文明程度，仍存在着这样的空白，一定有某些令人难以理解的原因。似乎有某种东西被深埋于潜意识之中，在其表面又形成了一层难以打破的偏见硬壳。想要对人类的精神世界——这片未知的广阔土地进行科学探索，就必须克服一些巨大的障碍。

我们现在只知道，在人类心智当中，存在着一个尚未引起我们注意和兴趣的谜团，就像不久前我们刚刚发现的南极大陆①的冰层一样。人们组织探险队赴南极勘测考察，直到这时，那片充满着奇迹和宝藏的大陆才出现在人们眼前。探险队冒着生命危险，克服了厚厚的冰层和异常酷寒的气候的阻碍，证实了南极的自然奇观、暖水湖和大型生物等前所未闻的事物的存在。这经验就像我们发现人类生命的极地——童年一样。

对成年人来说，他好像来自一个未知的神奇之源，他

① 1820年，南极大陆才被证实存在。——编者注

自我感知并评价生活各方面的发展。因此，他在引导人性进入连续的不同成长阶段——幼儿、少年、青年等阶段所做的努力都是尝试性的，也是肤浅的，就像笨拙的农夫那样只重表象、只求效果，而对本质性原因不闻不问。福禄贝尔将四岁或五岁幼儿的学校称作“Kindergarten”[①]（儿童花园）最确切不过，我们也可以这样称呼所有的学校，尤其是那些旨在为儿童谋求福利、创造快乐的好学校。我们应该把所有这样的学校都称作“儿童花园”，以区别于那些僵化专制的学校。事实上，在那些最现代、最优秀，并且符合福禄贝尔教育理念的学校里，老师对待学生就像优秀的园丁和老练的农夫对待他们的植物一样。

但是，在优秀的园丁和农夫背后还有一群科学家，他们细察大自然的奥秘，凭借各种实验获得大量知识，不仅能够帮助人们深入了解植物，还可以用来改良品种。现代的园丁和农夫之所以能培育出那么多花卉和农产品的新品种，改造森林，甚至改变地球的面貌，是因为他们由科学获得了技术原理。这些成效不是沿袭经验、遵循惯例就能够取得的。因此，那些美丽娇艳的花朵、五彩缤纷的复瓣

① Kindergarten一般译作“幼儿园”，其在德语中的字面意思为“儿童花园”。——译者注

康乃馨、华丽动人的兰花、硕大芬芳的无刺玫瑰，以及其他改变大地面貌的奇花异果，都是人类科学研究的成果。是科学带来了新技术，是科学家推动了比“原始自然”更丰富、更美丽的“超自然”[1]的积极建构。

人的研究

如果科学能开始研究人，就不仅能为儿童和青少年教育提供新方法，还能帮助我们深刻理解许多不为人知的人类与社会现象。

当今势必在行的教育改革和社会改革，必须以对“人”的科学研究为基础。

然而，正如我们提到的那样，对人的科学研究遇到一个很大的障碍，即几千年来堆砌的偏见，如巨大的冰川一般坚实，几乎难以进入。因此，需要有人做勇敢的探索，与对立因素作斗争，因为科学中的普通武器，如观察和实验，已不足以满足研究的需求。

---

① “超自然”（Supra-nature），或可译为“人造自然”；“超自然”以“原始自然”为基础。——译者注

对人类精神和心理进行研究，已经成为20世纪初的一场学术运动。在心理学领域中，人们发现了潜意识的存在，并利用它解决了一些实际问题，可谓卓有成效。最初，研究者将潜意识用于治疗患有精神疾病的成人，然后将适用范围扩及心智正常的成人。最近，在儿童心理学领域也开始引起研究者的重视。

这些研究的结果表明，当代几乎所有人在其心理构成方面都有某些缺陷。各种统计数据也揭示了这样的事实：精神错乱患者的人数逐渐增多，因心理疾病导致的犯罪比率不断上升。此外，数据还显示：问题儿童的数量增多，青少年犯罪日趋严重。鉴于上述问题对人类造成的严重危害，我们必须予以足够的重视，深入思考其深层原因。显然，人类文明所创设的社会条件已阻碍了人的正常发展。

文明并没有为精神创造出类似于身体保健的保护措施。今天，人们可以控制和利用地球上的物质资源和能量，却完全没有考虑到以人类智慧为代表的超级能量。人们竭力探测自然潜在能量的奥秘所在，却还没有观测到人类潜意识的深处。人，作为一个精神存在，被无情地抛弃，受外部环境的支配，并正在摧毁自己的建构成果。

因此，我们可以想见，一场人类重建的全球运动势在必行。其目标只有一个：帮助人类维护其心智平衡、心理健康，在其所处的外部情境中明确自身的定位。这场运动不受任何国家、任何政治主张的限制，因为它的目的是提升人的价值，它关注的对象主要是人，不问政治也不管国别。

当然，我们勾勒出来的这场新运动所要实现的目标，传统意义上的学校显然不能达到。时代已经完全改变，而这些学校所采用的方法却仍一成不变。

教育已成为关乎社会及全人类利益的事。教育必须以心理学为基础，保护孩子的个人特质。此外，教育还要对人类的文明有清楚的认识和深刻的理解，使人在保护自己的人格不受混乱的外部环境侵害的同时，成为一个真正的人——知道自己在历史上处于何种位置的真正的人。很显然，随意拟定的课程大纲或课程不能够完成传递现代文明的重任。我们需要的是另一种课程，这种课程能够使人以宇宙观的视角来了解历史和人类生命的进化，了解自身在现代社会所处的地位。今天的教育如果不是用来帮助人认识他所必须适应的环境，又有什么意义呢？

最后，教育的问题必须在尊重宇宙秩序法则的基础上才能够得到解决。这些法则既包含了操控人类心理建构的永恒规律，也包含了引导社会进化的可变规律。

对宇宙规律的尊重是最为基本的，因为只有以这些规律为基础，我们才能评价和修订涉及人类过去建构的林林总总的规律。

我们的社会现状

人们已经公认，在奇迹般的物质文明进步与停滞不前的人类精神发展之间，存在着一种不平衡；同时，人在适应环境的过程中受苦受难，甚至自甘堕落。我们可以把外部相对于内部的进展，比作一个强大的国家侵略和压迫另一个弱小国家。其结果，就像每一场野蛮战争的结局一样，被压迫者必将沦为奴隶。

今天，人类被征服，成了自己所处环境的奴隶，因为与环境相比，人类仍十分弱小。

这种被奴役状况迅速变本加厉，其程度之深前所未有——即使回到过去，强大的胜利者对弱小的被征服者也从未施以如此严重的奴役。人类，从未像今天我们所见证的这样无能。

难道你们没有发现这世界再无安全可言吗？钱财是如此，存在银行里的钱财可能随时会以各种不同的方式突然消失不见，再也找不到。我们是不是应该像中世纪时期的人们那样，把钱窖藏在秘密地点？但是，这样钱财很有可能贬值，甚至不能再流通。一个人在某一国积蓄的钱财通常不能带到其他国家去。一个人再有钱也无法移居他乡，因为有禁止随身携带巨额现金和珠宝出境的规定。违反规定者的财物有可能在边境被没收，好像他携带的是赃物一般。旅行中使用的护照可能是个人的障碍，不再像过去那样是一种保护。即使是在自己的国家，也必须随身携带附有照片和指纹的身份证件，过去连罪犯也无须如此。有一段时间，我们甚至得凭票证购买生活所需，没有票证的话连面包也买不到，而票证也是定期发放的。这样的事情前所未闻，可能只有一贫如洗的乞丐才有过类似遭遇。

现在，没有一个人的生活是安全可靠的。人们随时可能陷入危险荒唐的战争之中，随时有生命危险——不管是年轻人还是老人，妇女还是儿童。飞机轰炸民宅时，人人都得到地下的防空洞避难，一如原始人为免受野兽侵害而躲入洞穴；食物供应可能随时会被切断，成千上万的人可能死于饥饿或者瘟疫。多少人衣衫褴褛甚至赤身裸体，冻死街头；多少家庭被无情拆散，被迫骨肉分离；多少无辜的儿童被残忍抛弃，不得不流落街头。

这不只是战败者的遭遇，而是普遍的情况，因为是人类本身成为战败者、成为奴隶。不论是胜方还是败方，所有人都沦为奴隶。为什么？因为人们没有安全感，惊恐不已，疑心重重，对他人充满敌意；人们被迫用阴谋和掠夺的方式保护自己，以不人道的方法进行自我防卫。诈骗、偷窃的技巧不断翻新，成为困境中的求生之道；当强制达到了近乎荒唐的地步，卑劣、卖淫、暴力也会被当成生存的惯用手段。人类社会曾经在精神、理智上引以为荣的价值观消失殆尽，连求学也被认为是枯燥无味、辛苦不堪的差事，无法提升人性，因为学习只为找到一份工作，但工作也是不稳定的，也是缺乏安全感的。

令人震惊的是，人类任凭自己陷入莫名的奴役，仍然高唱着陈腔老调，宣称自己是自由的，是独立自主的。这群堕落的可怜虫居然宣称自己是主人。这些不幸的人在寻找什么？他们在寻找自以为最大的益处，比如说他们所谓的“民主”——人民可以就自己如何被统治发表意见，也就是投票选举。多么讽刺？自己选举统治者？说什么选贤与能，事实上人人都被层层锁链束缚，统治者与被统治者都无法自救。

万物不知由谁主宰，暴君又像上帝一样万能。这就是吞噬并击溃了人类的环境。

前不久，一个在机械化面包厂工作的年轻人，在操作面包机的时候，手不小心被飞速旋转的齿轮卷了进去，接着他的整个身体被碾得粉碎。这难道不是折磨人性的种种环境的象征？人，已不知不觉成了环境的受害者。环境就好比那台巨大的机器，能生产出大量食品；而被卷入的工人则代表不够熟练、不够谨慎的人类，竟然被应该为他们带来财富的机器捕获而致粉身碎骨。这就是人与环境之间不平衡的情形。人类应该摆脱环境的束缚，克服自己的狂妄而强化自我，清楚地认识自己的力量，充分发挥自身价值。

人类必须汇聚所有的价值与能量，尽量发挥它们，为自身的解放做好准备。现在不是相互争斗、企图压倒对方的时候。我们必须以世界上独一无二的“人”为唯一目的，提升人的价值，将人从自作孽的枷锁中解救出来，使其免于陷入疯狂的深渊。人类真正的敌人，是人类在自己产品面前的无能为力，是人类人性发展的停滞不前。要战胜敌人，人类需要采取行动，用另外一种不同的态度对待本应为其带来财富和幸福的环境。我们需要一场席卷全球的重大变革。这场世界性变革只要求人类提升自身价值，不再沦为自己所创造的环境的牺牲品，而成为它的主人。

新教育的任务

前面的论述似乎远离了教育这个主题。事实上，这种离题是为了开辟一条前行的新路。医院的职责是帮助病患早日康复，但是要想让病患继续好好地生活下去，保持健康，就要帮助他们自救。而我们，应该充当“世界”这所大医院的护士。

我们应该清醒地认识到，我们谈及的问题并非像今天人们所认为的那样，只局限于学校的范围，也并非只涉及实用性或者理论性的教育方法。

教育要么能为全球的解放运动作出贡献，指明保护与提升人性的途径，要么就会像某些一直没被使用过的器官一样，在生物体进化的过程中退化萎缩。

我们在前面的论述中已经提到，现有一种全新的科学运动——对人类精神和心理进行研究的学术运动，它带来的成效还是零散的，还不成系统，但在不久的将来必定会统一整合起来。

然而，这场运动还没有涉及教育领域，它在一定程度上属于心理学领域。即使在心理学领域里，这场运动也并非起源于对教学法的关注——为了更好地教育人类而去了解人类，它只是为了减轻人类尤其是成人的痛苦和异常。因此，这种新兴的心理学产生于医学领域，而非教育领域。这种研究人类病态的心理学，目前也十分关注那些焦虑不安、不幸福的儿童，因为人们发现儿童的生命力受到压制且有失常态。

总之，这是一场逐渐成形的科学运动，旨在阻止过去一直在蔓延的罪恶，也为混乱无序的心灵带来几帖良药。教育必须参与到这场运动中去。

请相信我，那些所谓的现代教育并没有走在正确的道路上，它只是在尝试着将儿童从假想的压迫中解救出来。但是，让孩子为所欲为、用轻松的劳作令他们高兴，把他们带回到一种近乎原始的自然状态是不能够解决问题的。这不是“摆脱”某些束缚的问题，而是重建的问题：重建需要“人类精神科学”的精密性。这是一项需要耐心的工作，是一次基于研究的尝试，更是一项需要成千上万人齐心努力研究的工作。

从事这项重建工作的人，必须有一个远大的理想作为动力。它远比某些推动社会进步的政治抱负要宏伟，因为后者只是以某些人类群体的物质生活为目标，致力于改善他们所受到的不公待遇和所遭受到的苦难贫穷。而我们所谈的理想，是全球性的，其目标是全人类的解放。我想再次重申，在这条通往人类自由、稳定的道路上，需要人们付出极大的耐心。

让我们看看，在其他科学领域发生了些什么事！有多少人待在封闭的实验室里，在显微镜下观察细胞活动，研究生命的奇迹；又有多少人在化学实验室里测试各种反应，探索物质的奥秘；还有多少人在设法隔离宇宙能量，以便获得和利用它们。正是这些极富耐心且十分敬业的工作者，推动了人类文明的进步。

因此，我们也应该为人类自己做同样的事情。我们刚刚已经提到的理想——即解放全人类的预期目标，应该为人类所共有。要实现这个目标，我想起《圣经》中关于人类的话：了解你的种类和美丽，昌盛、进取与主宰。[①]我们

---

① 源自拉丁文版《圣经》。——译者注

可以这样去理解:“了解你自己和同类的优点，在你那丰富又充满奇迹的环境中进取、昌盛，并去主宰、管理环境。”

你可能会说:“是啊，这的确很美好，而且十分吸引人。但你难道没有看到我们周围的孩子在不断成长，儿童变为少年、少年变为成人？我们已经等不及什么科学成果了，因为到时候人类或许已经毁灭。”

我将这样回答:“并不需要等到研究工作大功告成之时再开始，只要理解并把握住理念，按照它的原则行事就可以了。”

目前，有一个事实已经明确：教育学不能再像过去那样——由某些哲学家和博爱主义者所秉持的理念来引导，因为驱动他们的只是虔诚、同情和慈爱。教育学应以心理学为指导，我们也应该为这种应用在教育中的心理学取一个特定名称：教育心理学。

在这个领域将会有许多发现。因为如果人类仍处于未知状态，仍被压抑，那么毫无疑问，人类的解放一定能带来惊人的发现。

教育的发展应以这些发现的事实为基础，正如普通医学是以自愈力，即以自然中已存在的康复力量为基础；而卫生学则是以生理学知识，即身体的自然功能为基础。

帮助生命，这是第一个原则，也是基本原则。

一旦儿童置身于能够表现自己的环境中，除了他们自己，还有谁能够展现人类心理发展所遵循的自然途径？

因此，人类的第一个老师是儿童本人，更确切地说，是无意识中引导儿童的生命冲动和宇宙规律。引导他们成长的不是我们所说的“儿童的意志”，而是一种神秘的意愿。我们应该接受这样的意愿，并以之作为我们帮助孩子成长的引导。

我深信，要捕捉儿童的行为表现并不难，真正的困难在于成人对儿童根深蒂固的偏见。这种深植于心的偏见，主要是由于理解的缺失，而转为一种专制的、自以为是的推理，不自觉的自我中心意识，以及作为征服者的傲慢。以此为基础形成的教育模式，如同重重帷幔，遮蔽了儿童智慧天性的价值。

我们的贡献，不管怎样微小、不完整，或者在科学心理学领域工作者眼中多么微不足道，但至少可以精确地解释“偏见”这个巨大的障碍——偏见有可能抹杀和摧毁我们独特的贡献。哪怕只是证实这些偏见的存在，就已经使人类获益匪浅。

Part 2

科学和教育中的偏见

儿童内在自然秩序的展现及其障碍

一切都十分清晰。在成长过程中，人的潜意识当中有一种内在的驱动力推动着人的成长，正是这种内在的驱动力促成每一个体的构建。

启示与障碍

我们应该牢牢记住，我们的研究是如何开始的。大约40年前，我们发现学校里一群四岁左右的孩子展现出一种令人意想不到的现象——“书写爆发”，感到十分惊讶。当时，有些幼儿开始主动写字，其他孩子陆续效仿，产生一种自发性的书写活动与热情。那些孩子像游行那样欢呼，高举着字母牌走来走去。他们不厌其烦地写字，地上、墙上都布满了字迹，真是一发不可收拾。孩子的进步神速，堪称奇迹。他们不久就自己学会阅读各种字体：草书和印刷体，小写字母和大写字母，甚至还有特殊的美术字和歌德体。

现在我们来分析一下最初的这种现象。显然这是一种人的心理天性的展现，而且强烈到让整个世界瞩目，这的确是一种奇迹。

但当时的人们，尤其是科学家的反应又如何？人们并没有把这个爆发的书写现象看作心理本质的表现，而认为它是某种“教育方法”的结果。

当然，写字与天性不可相提并论。通常情况下，书写能力的培养是学校为孩子的入学准备所做的一项吃力不讨好的工作。它总是会唤起我们不愉快的记忆，枯燥无味的学习，难以忍受的痛苦，还有可能受到的惩罚。书写对那些目不识丁者来说，是种苦难。因此，能使儿童在幼年时期就成功学习书写，并获得如此优异效果，这种方法是非常了不起的。这种教育方法因而成功地激起了人们的好奇，人们认为，这种方法证明人类终于找到了迅速解决文盲问题的方法——文盲现象普遍存在，在各国程度不一，连最文明的国度也难以幸免。

当时，美国的一些大学教授亲自造访我们，想要研究这种方法。我能提供的材料只有那些木刻的字母。这些字母易于操作，便于移动，比普通印刷文字的体积要大很多。这样的情况，令有些教授颇感不悦，认为我在捉弄他们。在崇高傲慢的科学领域，有人认为这一切就像在开玩笑，于是他们说:“这不是一件什么了不起的事情，说什么奇迹，其实是故弄玄虚。”后来，当他们知道我用的不是课本，而是一种可以买卖的“实物”，他们又开始担心自己会被卷入商业的利益纠葛。于是，那些洁身自爱、清高自负的上层人士，便不再关注这种心理天性的表现。这样就出现了一道障碍——关于人的心智发展的启发性经验和文化界傲慢人士之间不可逾越的屏障，他们渊博的学识原本可以理解并善加运用这种在幼儿身上发现的心理特质的。

我们继续看看其他形式的偏见。

那些幼儿不停地写啊写，一点不觉得无聊，这是有目共睹的事实。最后，很多人不得不相信：那些字母板只是老师准备好了，投放在环境里的，这里的每一个字母都是独立的；没有哪一个老师有意识地教导孩子通过字母板练习写字，这显然是孩子自己做到的。于是，有人认为一切秘密就在于将字母表中的字母设计成单个的、可以随意活动的教具。多么简单、多么天才的发明！不少人懊恼地说："为什么我没有早点想到呢？"又有人说："这根本不能算是什么发明，教育家昆体良[①]早在很久以前的古代就用过这种活动字母了。"看来，即使我真有冒充天才发明家的企图，也早晚会被揭穿。

奇怪的是，这种思维的惰性还相当普遍，它只停留在事物的表面，没有人愿意深入地去探讨有关儿童心理的特质。这使所有的人——无论知识层次高低，好像都被阻隔在屏障之外。

这样来思考，就再简单不过了：如果历史还记得昆体良的活动字母，就一定会记得人们的反应。当时有没有人高举着字母牌，欣喜若狂地在罗马街道游行呢？当时的人

① 昆体良，古代罗马著名的教育家，教育史上极大发展完善教育方法和思想的先驱。——译者注

们在与那神奇的事物接触之后，是不是很快就学会了写字，并且在罗马的大街小巷、家居墙头写满了文字呢？当时的人们是不是都自己学会了阅读——不仅会认罗马字，也会读希腊文呢？若果有此事，历史一定会记录下这些令人永生难忘的重大事件。但是没有，历史只记载了活动字母而已。由此可见，神奇的不是字母，而是儿童的心智。

但是，当时没有人承认这一点。这种偏见妨碍我们“相信奇迹”，对那些想要维护自身尊严及其在文化知识上的优越感的人们而言，那种害怕上当受骗的恐惧是十分普遍的。这是掩盖“新事物”，致使一些发明毫无用武之地的障碍之一。

一项名副其实的发明或发现，一定包含着某些新事物。而新事物，是一扇为有勇气跨越的人敞开的大门，是一扇通向未开发领域的大门，是一扇新奇、美妙、激发人类想象的大门。文化修养高的人，理所当然应该成为这些领域的探索者。但是，这些认真拘谨的人士却被心智上、情绪情感上的屏障妨碍了，他们对人性中的“童话”早已失去了兴趣，不抱任何希望，也很难相信例外。福音书中著名的宴会早就象征性地表达了这条永恒真理：进入天国，需要有一定程度的“单纯”和“贫穷”（心灵的贫穷）。

我们以沃尔弗[1]的悲惨命运为例，说明上面提到的“屏障”。沃尔弗是18世纪德国伟大的生物学家和胚胎学家，他第一个发现了动物体从受精卵发育成胚胎并最终发育为成体的过程。他的发现遭到了同时代其他科学家一致的强烈反对，他们仍陷在精源论和卵源论[2]的争论之中。当时的哲学界对沃尔弗的观点颇有成见，不承认这个年轻学者在其学位论文《发育论》[3]中呈现的研究结论和理论观点。沃尔弗被迫流亡国外，最终客死他乡。50年后，另一位伟大的科学家贝尔[4]再次提出了沃尔弗的研究结论和理论观点，证

---

① 沃尔弗，德国生物学家、胚胎学家。他通过观察鸡胚的发育阐述了胚胎发育的渐成特性，主张渐成论，反对先成论。——译者注

② 精源论认为胚胎存在于精子中，并绘出了一个微型人蜷曲在精子头部的图，认为卵只是供给胚胎发育的营养物质；卵源论认为微小的胚胎存在于卵子中，精液只是刺激胚胎发育的外物。——译者注

③ 1759年，沃尔弗发表了自己的学位论文《发育论》。他在其中驳斥了预成论，论证了渐成论。预成是指成熟的机体在胚细胞中预先形成。预成论在17世纪和18世纪生物学家中占统治地位。从预成论的拥护者和形而上学观点看来，成熟的机体的一切部分都已经以紧缩的形式存在于胚胎中，这样一来，机体的发育被归结为已有器官纯粹的量的增长，而本来意义上的发育，即作为新生成（渐成）的发育就不发生了。从沃尔弗到达尔文等许多杰出的生物学家，不断论证并发展了渐成论。——译者注

④ 贝尔，德裔俄国生物学家、人类学家和地理学家，比较胚胎学的创始人。——译者注

明了其研究的科学性。此时，人们才完全认可沃尔弗及其他先驱者的伟大贡献，胚胎学这门新科学随之诞生。

但是，这件事之所以闻名于世，是因为人们认可的是一个关于胚胎的发现。相比之下，长久以来人们在儿童问题上所累积的偏见更多，实际问题也更棘手。其中尤其突出的是，人们认为要保护儿童，儿童不必“用脑”，不必承受“过早的脑力劳动”的心态。对所有那些人来说，儿童是空白、空洞的存在，他们能做的就只是游戏、睡觉，或者听听童话故事打发时间。人们认为，要求如此娇嫩的幼儿从事真正的脑力劳动，简直就是在亵渎神灵。尤其是在夏洛特·布勒[①]女士多次发表论文之后，这种心态更甚。夏洛特·布勒是维也纳著名心理学家卡尔·布勒的夫人，她本人也是实验心理学界的权威。她认为，五岁以下幼儿的心智能力，根本无法接收任何形式的文化知识。于是，我们的实验被这种以科学为名的墓碑压制了。

我们通过观察和实验得出的结论只能被看作一种“教育方法”，而且还是一种不确定的、备受争议的方法。因

---

① 夏洛特·布勒，美籍德国心理学家。20世纪20年代与丈夫卡尔·布勒一起创办了维也纳心理研究所，并在儿童心理学部门担任领导职务。——译者注

此，各种批评接踵而来。首先，有人提出大可不必“牺牲幼儿的心智生活，去追求毫无意义的结果”，因为稍晚些，即在六岁之后，人人都将学习读和写，并且都将明白读书需要付出极大的努力和牺牲。既然如此，我们更应该让幼儿在童年的时候免于脑力学习之苦。教育界权威克拉帕雷德[①]曾代表新教育协会写过有关学校学习对学生造成危害的文章。他这样写道:“诚然，学习是现代文明社会的必要经历，但如果学习会给孩子造成某种伤害，那么我们应该尽量减小伤害的程度!”因此，新型学校尝试将这种伤害降到最低，并逐渐摒弃教育方案中一些“没有必要”的科目，如几何、文法、过量的数学等，转而以游戏和户外活动代之。

连官方教育也不关心我们的工作。此外，大部分最初在我们学校进修的老师，原来是在福禄贝尔幼儿园教书。他们将福禄贝尔的恩物和促进儿童心智发展的蒙台梭利教具结合起来，并得出结论，认为两者均有长处；但他们不同意在幼儿园阶段引入字母、书写和数学等科目。

---

① 克拉帕雷德，瑞士精神病学家、儿童心理学家和教育学家，儿童心理学领域的先驱。主要研究婴幼儿心理学、教学、睡眠和记忆。——译者注

然后，小学老师尝试了字母板的实验，但未能激发学生的学习热情，更没有“爆发”可言。唯一的改观，就是一种更自由的学习方式——以个人操作和专用的教具为特征——在普通学校里悄然出现。

“奇迹”被官方忽略了，也没能引起现代心理学检验的兴趣，只能由我自己通过实验继续探索并解释儿童心理的奥秘，没有人比我更适合完成这项工作——将这个真相与所有可能会引发真相的教育力量“分离”开来。

对我来说，事实很明显：某个年龄段孩子所特有的某种“能量”已经展现，它是确实存在的。虽然实验对象只限于那一群孩子，但事实表明这是一种发现，是关于潜藏的幼儿心理能量的重大发现。

当加尔瓦尼[①]看到悬吊在窗户铁架上的剥了皮的死青蛙会动时，他也可以把它当作神迹，或者纯粹怪事一桩。但如果当时他只单纯地认为这种现象是“复活奇迹”或是自己的幻觉作祟，就不会一再追根究底地思考导致这种现象的原因，也不会极力主张调查研究该现象的始末。“如果死青蛙会动，一定有某种‘能量’在驱动它们……”他这

① 加尔瓦尼，意大利解剖医学家及物理学家，电流发现人。——译者注

样推理——结果，电流就这样被发现了。而电流的发展和应用，是在这种现象被揭示之后过了很长一段时间才开始的。

如果有人为了证明这种现象存在的真实性，而按照实验步骤重复这个实验，不一定会看到同样的“神迹”，或许人们就会把它看作某种无法进入科学领域的幻觉。

前　例

最先展现出这种潜在心理能量的，并不是我们的孩子，只不过他们是最年幼的。在他们之前，类似的现象曾发生在七岁孩子的身上。事实上，教育学史上记载，这种“奇迹”曾在裴斯泰洛齐于瑞士创办的学校里出现过。几乎是一夜之间，他的救济院被一种未能预见的“进步”氛围所笼罩。人们认为，那些孩子所做的事已超越了他们的年龄。有些孩子在数学方面进步神速，以至于父母急着要把孩子转学，以免他们用脑过度。当裴斯泰洛齐描述那些孩子因其自发性不知疲倦地工作而带来的惊人进步时，他坦言自己并没有做什么，甚至说：“我也是个目瞪口呆的旁观者。”

然后，这火焰熄灭了，在裴斯泰洛齐"慈爱、周到"的照顾下，一切又恢复正常。不知道他的崇拜者，尤其是以他为傲的瑞士民众，对这件事的看法如何，相信一定很有趣。人们几乎一致认为，那是他们的英雄一时发疯，很高兴他最终又回到"正经工作"的状态。

教育学就这样成功地埋葬了孩子内在心理本性所显露出来的真相。

托尔斯泰[①]也曾经描述过类似现象，这种现象发生在农民子弟身上。当时，他在坐落于亚斯纳亚·波利亚纳的一所学校教书，满怀理想、热情洋溢且充满爱心。有一个时期，他发现那些孩子对阅读《圣经》产生了浓厚的兴趣，他们每天比平时早很多来到学校，然后就开始自己阅读，丝毫不知疲倦，表现出前所未有的喜悦。当然，托尔斯泰后来看到的也是"回归常态"。

在孩子的生活中有很多类似的事情发生，但是都不为人知，也没有人将它们载入教育史册，使其广为人知。

---

① 托尔斯泰，俄国作家、思想家。1859—1862年，托尔斯泰在家乡亚斯纳亚·波利亚纳及附近为农民子弟兴办学校二十余所，他研究当时俄国和西欧的教育制度，并曾到德、法、意、英和比利时等国考察学校。——译者注

儿童的心智形式

每个人的内心都有一种能量，这种能量总会在合适的时候自己表现出来，但它仍旧被普遍存在的偏见所掩藏；幼儿内心也存在一种特别的心智形式，是人们未曾认识的。它的确是一种“心智形式”，而不只是罗马圣洛伦佐第一所“儿童之家”的孩子所展现出来的书写爆发现象。

在听写练习中，我有时给他们很冗长的词语，甚至是外文，孩子只要听一遍就能用活动字母板拼出它们，看过我著作的人都知道这些现象。[①]我们听写过的词语，包括“Darmstadt”等。

是什么力量将这样冗长复杂的单词固着在儿童的脑中，以至于看上去他们牢牢地记住了这些单词，就像铭刻在他们的记忆中一般？更奇妙的是孩子轻描淡写的神情，仿佛毫不费力。值得注意的是，他们并不能书写。因此，他们

① 详见玛丽亚·蒙台梭利的著作《发现儿童》。——英文版注

必须听得完整、正确，而且还要在字母盒的分格中寻找每个字母。找字母本身并不简单，眼睛要来回巡视，找到后还要把它放在适当的位置，次序不能错，这样才能完成拼字的工作。如此复杂的过程，即使是成人也难免分心而拼不完整。

这个事实尤令一般的老师目瞪口呆，因为他们深知在小学里听写练习有多难。即便是让八岁以上的孩子听写，也要反复念好几遍。原因是孩子边写边忘。因此，最初的听写内容，多是短且为孩子所熟知的词汇。

我要以督学迪·多纳托（Di Donato）的著名轶事为例。他来我们学校视察时一脸严肃，俨然是一位全副武装准备打倒偶像、破除迷信的武士。他不打算让孩子听写又长又难的词，以防背后有什么把戏，只要求一个四岁的孩子听写他的名字“Di Donato”。显然，那孩子没听清楚发音，听成了“Ditonato”，第三个字母准备用“t”。督学以自己惯用的教育方法立即予以纠正，清晰地再次重复自己的名字“Di Donato”。那孩子并没有被搞糊涂，对于他来说这不是改正错误，只是自己没听清楚而已。他没将字母“t”放回字母盒，而是先搁在一边，若无其事地继续拼写，拼到最后才使用放在一边的“t”。从这件事我们能够看出，“Di Donato”这个名字已经深深地印在了孩子的脑子里，中间小小的打断只是一个插曲，并没有给孩子的听写造成任何困难。孩子在最开始听到这个名字的时候，就知道自己需要一个字母“t”来完成拼写。这个事实令督学印象深刻，他说:“这个错误反而是真理的最好验证，坦白地说，我本来不相信这个奇迹，但现在我对此深信不疑。我必须说，这虽难以置信，却是千真万确!”他无暇称赞那个自己纠正错误的孩子，反而急切地对我说:“恭喜您！这真是个了不起的方法，应该用在我们的学校里。”

真可惜！对一个教育领导人员而言，只注意“技巧”的优劣，而这种幼儿的心理特质，对他来说仍然十分陌生。教育人员本身所持有的偏见，妨碍了他们对真相应有的认知。督学走的时候还念念不忘，对我说着恭维的话:“用一般学校的方法，即使一个九岁的孩子也未必能做到。”

这是关乎记忆的本质问题。人们无法接受幼儿的记忆形式不同于大孩子的假设，认为年龄相差五岁的话，小孩子的记忆力一定不如大孩子。

幼儿的记忆到底有什么特别之处呢？显然，他的记忆将所有字及其音节组成，字形、字音、字母先后顺序完整地印刻在脑子里，无法抹去。那种记忆和大孩子的记忆有本质上的区别，它能在幼儿脑中产生某种清晰且确定的图像，而大孩子的记忆则是去复制图像。

牧内美

那么，到底有没有一种记忆力，不同于成人能意识到的、成熟的记忆？

现代心理学将存在于无意识中的一种记忆形式取名为“牧内美”（Mneme），它能历经数个世代固定不变，完全重现物种的特性，在难以估计的程度上，甚至可以穿透生命本身与永恒。在这个前提下，我们认为在四岁幼儿的心智中有一个心理层面，是牧内美所在之处。刚好在有意识记忆的门槛前，几乎与有意识的记忆相衔接，但牧内美显现出某种具有深远根源的终极迹象。

牧内美源远流长，与语言的创造力量有关。母语在无意识中早已形成，其发展过程不同于有意识心智的学习过程。母语是凝聚在人格中的语言，如同一种特性，与在有意识的记忆帮助下获得的外语不同。外语总不可能完美无缺，而且需要不断练习才不至于遗忘。

活动字母可以清楚地指代那些在孩子头脑中与声音连接在一起的物体，并以一种有形的方式将语言带到外界。儿童对书写的兴趣源自内心，某种创造的敏感性在那里运作。正如造物者设计了某种敏感性以形成人类的口语，这种敏感性则引发了儿童对字母的兴趣。

意大利文的字母虽只有21个，但无数的字词多得连一大本辞典都装不下，那些字词全靠那21个字母排列组合而成。那些字母足以用来表达人在发展中累积的词语，足以应付语言积累到一定程度而突然出现的爆发现象，孩子则欣喜若狂地创造并经历这个奇迹。

纪　律

我们现在要来检验另一系列的偏见，它们也大大妨碍了人们对我们工作的理解。

先谈一下有关纪律的问题。纪律也是那些幼小孩子表现出来的神奇现象：他们是自由地选择工作，想做多久就做多久，可是他们不受干扰地专心于自己的工作，既安静又守秩序。

他们的这种行为能持续很久，即使老师不在也一样。没有妒嫉，没有竞争，只有彼此帮助。这种和睦相处的和谐，十分令人赞赏。他们是安静的爱好者，而且以寻求安静为一种真正的享受。

孩子所表现的服从也渐次递增，最终达到“快乐服从”的境地，可谓迫不及待地服从，如同宗教信徒般虔诚顺服。要达到这种奇特的效果，导师不需要介入。换句话说，这种服从不是教育的直接效果，因为一切都是在没有说教、没有鼓励、没有奖励、没有惩罚的情况下自然而然地产生的。

当然，这种不寻常的现象也并非无迹可循，它有一些影响的因素。对那些向我寻求解释的人，我只能这样回答：“是自由让人心悦诚服。”就像当初解释书写爆发的原因，我也只能说是“活动字母板”。

记得有一次，一位不太理会“自然产生”这个解释的部长对我说：“您解决了一个大问题，居然把纪律和自由结合在一起。这不是一个只牵涉学校管理的问题，而是关系到国家政府管理的问题。”

显然在这件事上，人们也认为我有能力推动这些成果，是我解决了这个大问题。他们似乎没有办法接受这样一种可能:“儿童凭自己的天性，可以解决我们成人所不能解决的问题，也能将成人认为是水火不容的事物整合为一。”

面对如此惊人的事实，人们应该这么说:“那么我们就一起来研究这些现象吧！让我们一起努力，开始探讨人类心灵秘密的工作!”可惜的是，并非所有的人都能理解这样一个事实：或许我们能够从儿童心灵深处捕捉到某些对所有人都有益的新事物，看到照亮人类行为奥秘的光芒。

当时各界人士——哲学家、教育家，甚至公众，都纷纷发表自己的见解与评论，当然其中也不乏批评和指责。如果当时记录下来的话，现在来看一定非常有趣。

有的人认为我麻木不仁，说:“您没察觉到自己的作为?！您没有意识到自己所完成的大业?!”有的人则把一切看作一个童话故事，或是我的痴心妄想:“您怎能对人性如此乐观?”但最难对付的、最难缠的，是有些哲学家和宗教人士居然将成千上万有目共睹的事实当作我个人的见解。其实从相当程度上来讲，我是卢梭[①]的追随者，我同他一样持有“人性本善，但罪恶的环境使人变坏”的观点，我们

---

① 卢梭，法国伟大的启蒙思想家、哲学家、教育家、文学家。其小说体教育名著《爱弥儿》1762年出版后轰动欧洲，影响至今。——译者注

之间的区别就在于：我是在学校里“编造故事”，而卢梭则将自己的观点变成一个非常理想和浪漫的故事写入书中。

在与我争辩之后，他们仍然不了解实情，仍然没有心服口服。某个知名人士还在一家十分严谨的报纸上写道：“蒙台梭利是一个可怜的哲学家！”

对宗教人士而言，我几乎违背了信仰，于是许多人来向我解释“原罪”问题。不难想象，那些坚信人性本恶的加尔文派[①]或一般的基督徒对我持什么看法。

我的论点，不仅违背了与人性有关的哲学原则，也冒犯了学校教育的技术原则。有人将我的教学称作“先验论方法”，因为它“取消了”奖赏与处罚，主张无需这些也能达成纪律。他们认为这是教育的荒唐现象，与实际经验大相矛盾，还是一种亵渎行为：因为上帝也扬善惩恶，奖惩是道德的真正支柱。有一群英国老师公开抗议，宣称如果取消奖惩制度，他们将提出辞呈，因为若没有处罚制度他们便无法教育孩子。

“处罚”！我以前从来没有意识到，惩罚竟然是一种主

---

① 加尔文派为基督教新教主要宗派之一。其核心信条之一为完全无能力或全然败坏，即人类由于亚当的堕落而无法以自己的能力做任何灵性上的善事。——译者注

宰儿童生活且不可缺少的手段。我们每个人都是在这种屈辱下长大的。

国际联盟[1]决定在日内瓦开展一项关于惩罚制度的调查，卢梭学院[2]和新教育协会共同组织了这项调查。他们询问了一些教育机构和私人家庭，调查他们都采用哪些处罚手段教育儿童。奇怪的是，受访者非但没有恼羞成怒，反而迫不及待地提供讯息，有些学校似乎对自己采用的处罚手段还颇感自豪。例如，有的学校禁止采用当场惩罚的方式，以避免出于盛怒的处罚。但所有过失仍要详细记录下来，等到周末，即不用上课的礼拜六，将一周积累的处罚一一清算。

有些家庭声称："我们不主张使用暴力，孩子不听话时，只是罚他不吃晚餐就上床睡觉而已。"但毫无疑问，暴力处罚——甩耳光、辱骂、棍打、禁闭、恐吓等，占绝大多数。国际联盟公布的20世纪处罚手段的清单，是

① 国际联盟，第一次世界大战后成立的国际组织，宗旨是减少武器数目及平息国际纠纷。但未能有效阻止法西斯的侵略行为。第二次世界大战后被联合国所取代。——译者注

② 卢梭学院，1912年由克拉帕雷德成立于瑞士日内瓦的私人学院。后曾由皮亚杰接手负责，并将之并入日内瓦大学，即今日内瓦大学教育学院。——译者注

《圣经》中所罗门箴言——“不忍用杖打儿子的，是恨恶他”的具体化。

在伦敦，我可以买到成捆出售的鞭子，因为仍然有教师在使用它们。教育仍需要使用这些“不可或缺的工具”，说明无论是过去还是现在，儿童的生活均无民主可言，而且人类的尊严也从未受到尊重。自古形成的那道偏见屏障，至今仍存在于成人的心中，因此从来也没有人看到儿童内在的智慧与道德力量。

在我的实验中，儿童内在力量的显现消弭了处罚。但因为这一切的出现是突然的，出乎预期且有运气的成分在内，因此无法为人所理解，甚至引起反感。

请允许我用一个比喻解释这种情况：当人伸出食指，向狗指明某物让它去捡时，没想到狗死盯着的是食指，而不是要捡的东西。对狗来说，咬那食指比弄清捡东西的方向要简单得多。人的偏见障碍使他们如同与主人没有默契的狗一样，看到我伸出的那个指明方向的食指，结果决定还是咬那个手指。

对他们而言，简单地接受如此明显的事实是不可能的。因为在他们看来，这个事实更像某人臆造或想象出来的结果。

所以我们才说，在人类的心中存在着一个盲点，就像视网膜底的盲点一样，恰恰就是这个盲点，成为阻碍人们了解这个事实的障碍。儿童美德的映像，恰好落在成人心中的“盲点”上，落在一道冰川样的障碍上。

人类历史上存在一个“空白页”，一页没有文字的白纸，而那是有关儿童的一页。

在无数的人类历史巨著中，从来没有关于儿童的篇幅：无论是政治活动，还是社会结构；无论是战争时代，还是重建时期，都没有儿童的一席之地。对成人而言，似乎只有成人的存在，根本看不到儿童的存在。儿童，只是私人生活的一部分，是要求成人承担义务做出牺牲的那部分，因此如果他们干扰成人就必须受到处罚。人们在想象未来世界的天堂——一个更美好的新社会时，眼前只有亚当、夏娃与蛇，他们的天堂里没有孩子。

当今社会，人们从未想过儿童可以为我们带来帮助，也从未想过儿童可以给我们带来一盏明灯、一份教诲、一种新观点或者一个解决难题的答案。连心理学家也未能在儿童身上看到一扇通向潜意识深处的大门，因此他们尝试发现与理解潜意识的唯一途径是研究成人的病态。

秩序与良善

现在我们再来谈谈道德障碍这个问题。其实，不难发现儿童的自发性纪律与社会行为，是如此细致、稳定且完美。

当我们抬头仰望夜空中璀璨耀眼的群星，看到它们忠实地运行在自己的轨道上、坚定不移地守在自己的岗位上时，我们会不会想:“啊，星星多么良善听话!”不，一定不会的。我们只会说:“星星遵循着支配整个宇宙的自然规律。”我们还会感叹:“宇宙的秩序真是太奇妙了!”

在孩子的行为中，显然存在着某种自然的“秩序”形式。

秩序并不一定代表良善。它不能证明人性“本善”或“本恶”，只能证明大自然在建构人的过程中，遵循一种预定的秩序。

秩序不等于良善，但或许是通向良善的必经之路。

外在的社会组织也需要某种秩序作为基础。约束公民行为的法律和警察机构被视作社会结构的基础。当然，有秩序的政府照样会腐败、不公，甚至残暴。就连战争，这种社会生活中最无利可图、毫无人性的现象，也要以士兵的纪律与服从为基础。政府的良善与它要求的纪律，是截然不同的两码事。学校亦然——若没有纪律，教学便无法开展；但即便纪律同样严明的学校，教学品质也是良莠不齐。

从这些儿童身上可以发现，秩序来自隐藏的内在导引。唯有以赋予孩子自由为前提，内在导引才会有所表现。要维持这种自由，任何人都不应妨碍儿童为满足其自身发展需求而在准备好的环境中自发进行的活动。

儿童在达到“善”之前，必须进入“自然法则的秩序”，然后才有可能在这个层面上提升自己，借由意识的合作进入“超自然”。

在我们谈论“恶”与“坏”的时候，必须要区别“混乱无序”和“道德沦丧”的不同。有违引导儿童正常发展的自我规律的“混乱”，并不一定是“坏”。实际上，当同样的行为分别发生在成人和儿童身上的时候，英语中会用不同的单词来表达，对孩子来说是淘气（naughtiness），对成人来说才是恶或坏（wickedness or badness）。

现在我们可以肯定的是：儿童的淘气有违引导心智构

建的自然规律，是一种“无序状态”；它不是坏，但会影响个体日后的正常心智运作。

健康与偏态

如果我们不用“正常”，而用“健康”来形容儿童成长过程中的心智运作，那么事情就比较简单明了了，因为想象身体运作的类似状态并不困难。身体健康意味着身体所有的器官都运作正常。这个标准适用于任何人，不管他们是健壮还是瘦弱，不管他们有无其他的身体特征。但如果某个器官运作失常，就出现了“功能性疾病”——这不是损伤，不属于生理机能性疾病，只是功能失常而已。功能性疾病可以经由保健医疗、体能锻炼等方法治愈。现在我们把这种观念应用到心理领域——心理的部分功能也有可能出现异常，但致病原因并不是种族特性或某种个人形态，也不是某个注定完成大业或注定一生潦倒的自我。无论是杰出天才还是芸芸众生，都必须拥有“正常”的功能，都必须心理健康。

儿童身上的通病——不安分、懒惰、不守秩序、粗暴、顽固、不听话等——只是功能性疾病，可以经由一种心理保健的方式恢复健康，换种说法即“正常化”。恢复健康的这些孩子，会像前面提到的有纪律的孩子那样，在最开始的时候温文有礼、出人意料。这种“正常化”的结果并非“儿童服从某个教训他们和纠正他们的老师”，而是他们找到了自然规律的引导，即恢复正常的运作，并能够通过外显行为展现那种“心理的生理发展”，它同身体的生理性一样来自内部，源于灵魂的复杂迷宫。

所谓的蒙台梭利方法，正是围绕这个重点展开的。

经过四十余年的实验，通过世界各种族、各地区、各国家不断获得的证据，我们可以肯定：自发性的纪律是所有惊人成就——包括后来的书写爆发等许多其他学习行为的基石。

所以，首先应该达到“正常的运作”，即一种“健康”的状态。建立并保持稳定的健康状态，我们称之为“正常化”。如果儿童要向前发展，就必须先正常化——如同一个人，当他生病时是无法发挥天赋才干的，首先必须要恢复他的健康。

心理分析医师的工作，是要使实现社会目标时遇到诸多困难的成人“正常化”；同样，在儿童的心理疾病治疗方面，应尝试使他们的心理功能恢复正常状态。

假使一种教育方法认为必须在最开始的时候先使儿童“正常化”，然后保持这种正常状态，那么这种方法就应当以一种“心理卫生学”为基础，帮助人类在健康的心理状态下成长。

这并不涉及有关人性善恶的哲学理论，也不涉及有关何谓“正常人”的高深抽象概念；这只是一个实用性很强的事实，一种尝试和努力，可以普遍地应用。

成长的基础

一切都十分清晰。在成长过程中，人的潜意识当中有一种内在的驱动力推动着人的成长，正是这种内在的驱动力促成每一个体的构建。如果给予孩子充分的成长机会，并配合其内在需要，使他们能尽全力实现自身的发展，那么成长本身就会给他们带来极大的快乐。可以说，童年是一个引导儿童长大、成熟和自我完善的“内在生活”阶段；此时，外在世界的价值，在于是否有助于达到造物者所设定的目标。因此，儿童所渴望的是符合其内在需求的事物，并且会在实现自身发展的过程中应用这些事物。

正如幼儿不会“嫉妒”比他年长的孩子，同样，他也不会渴望现在他不需要的东西。

因此，我们观察到：当孩子处在一个有利的、准备好的环境中，并且能自己选择器具和工作时，就会表现出平和、愉悦的态度。

大孩子不能以竞争来激励年幼的孩子；反之，他们就会赢得小孩子的爱戴，小孩子也会很努力。年幼的孩子在大孩子的身上看到自己的未来，他们可以肯定成功是必然的，因为只要活着，就一定会长大。因此，大孩子不会因自己的年长而招来小孩子的嫉妒。

因此孩子也不会产生那种所谓“坏”的感受。小孩子的淘气是一种自卫或无意识中绝望的表现，原因可能是他们无法在那个“时期”发挥“功能”，而在那个时期，每分每秒都关系到他们的未来与进展。淘气也有可能是因缺乏环境刺激而呈现的一种心智饥渴焦虑，或是没有行动自由的退缩表现。于是“无意识目标”离实现之日愈来愈远，孩子的生活形同地狱，因为他被隔绝于引导源泉与创造能量之外。

稍后，等有利于“人格雏形”孕育的阶段结束之后，孩子或多或少实现了生命的蓝图，这个年轻人才开始对外部事物感兴趣，那时他才会对他人的成功眼红。这种情形就不同了，可以做“好或坏”的评价，可以采用矫正的教育手段，以纠正某些社会道德秩序上的缺陷。

开阔心胸的教育

用直接纠正及压制的方式对待缺点的观念，也是不正确的。缺点只能经由“扩展生活空间”来纠正，即为人格发展提供更多的通道，引发更广泛的兴趣，而不是只注意身边的人，整天与他们比较。只有穷人才为一片面包争执，会经营的人关注的是整个世界所能提供的机会。嫉妒与竞争是心胸狭隘、目光短浅的标志。志在以“天堂”为奖赏的人，甚至不屑拥有这世界，更不会吝惜眼前这有限的财富。

我们应该推动一种宏观的教育，能使人超越现实的利益。太执着于眼前的物质得失，才会引起嫉妒与竞争；而开阔的心胸能引起另一种情操，使人愿意为一切能推动人类真正进步的事业献身。

因此，宏观的教育是一种可以逐步消除某些道德缺陷的阶梯。教育的第一步，应该是把儿童从毫无生气的世界带出来。基本技巧是先“解除妨碍儿童进步的桎梏”，然后，视儿童的能力，逐步增加诱因，以满足潜藏于其心灵深处的人性倾向。与其抑制儿童的欲望，不如鼓励他们去征服无限。在这个时期充满一切现实的可能，我们可以，也必须教导儿童尊重那些其他的自然力量——即人类社会所制定的外在法规。

总之，道德问题，也就是良善问题，无法和幼儿讨论，只有在儿童能够推理之后，才有可能把这个问题带到哲学领域来讨论。

科学和教育中对儿童的偏见

世上所有家长的内心都有一种“潜意识的自卫机制”，整个社会也形成一种集体潜意识，一致远离并压抑儿童——这是为他们好，是对他们负责，甚至是为他们牺牲。

文化的获得

在我们的学校，这种教育经验获得了持续性的进展。

在实践中，“延伸”文化、“增长知识”的自然倾向在儿童身上越来越明显，这似乎是水到渠成的结果。于是，教学形式似乎整个颠倒了——导师不再在固定的范围里传授知识，反而要在孩子疯狂学习的时候适当地“节制”他们、“引导”他们，如同驯马师那样，驾驭一匹活泼奔放的小马。也就是说，孩子需要的是一个懂得领路的向导，而不是迫使他前行的鞭子。

连传授知识的方法也有所不同。传统学校的教学技巧是成人按课程的难度分类、分级缓慢地进行的，但是在蒙台梭利“预备好的环境”中享有自由的儿童，会出现我们意想不到的特殊学习技巧。

儿童只有在能够按照自然的心智程序运用自身能量时，才能真正地学习，而其心智程序的运作，往往与我们的假设大相径庭。这也是为什么当面对传统学校中采用的模式时，孩子的心智成长无法实现或者被深深地隐藏起来。在帮助儿童自然发展的过程中，只有当老师使用一种“间接干预”的科学技巧，学生才能获得并展现出人意料的成果。

不管是得到赞赏，还是遭到因误解或缺乏了解而导致的反对，孩子在学业方面展示出来的普遍超常的进步，都是以与儿童心理有关的原则为依据的。这个原则就是：儿童经由自身的活动来学习，是从环境而不是从老师身上获得知识；他们还运用无意识中的能力——有明显的证据——按照吸收性心智的自然程序自由地吸收，自由地表达。

也许有人会说，导师也是环境的一部分。不错，导师的确为帮助自然程序而施加干预，成为环境的一部分。但问题是，孩子不像一般人所认为的那样，只通过听导师讲解而学习，哪怕是最优秀、最完美的导师。儿童在学习上遵循形成心智的内在规律，在环境与儿童之间有一种直接的互动关系，而导师负责引发兴趣、启蒙引导，首先起着连接（或媒介）的作用——将儿童与环境连接起来。

自从我们深入了解这些现象、强化这种教育经验以来，有关儿童学习的过程越来越显而易见。我们发现，许多孩子在适当的条件下，对数学，特别是大数目的算术运算很感兴趣，甚至热衷于高水平的运算，如计算数的乘方幂和平方根、立方根，包括几何问题等。我们还发现，儿童能同时学习多种语言，包括其中的文法与修辞。比如，印度有一个八岁的孩子热衷于读梵文（已不再使用的语言）诗歌，并将印地语的吠陀经故事翻译成了英文，而他的母语则是古吉拉特语——另一种印度方言。因此，他的文化知识经由活的语言、已经消亡的语言延伸到了其他外国语。

除此以外，儿童对自然科学、名称的记忆能力十分惊人，对学习复杂的植物与动物的分类也有特殊的兴趣。这些分类法因为有时不够准确，记忆起来又很费时，教育主管部门曾一度把它们当作徒劳无益的科目，考虑把它们从课程中去掉。

儿童对分类的兴趣，是借由图片或符号的排序表现出来的。显而易见，当儿童能通过图片建立起心智秩序，并把图片各就其位时，儿童是非常开心的。这当然不是一种记忆活动，而是建构活动，就像幼儿玩沙雕一样。如果那些想法和名称不是融合在一个出色的建构物中，很快就被遗忘了。就像数学教具是建立在十进位系统上的，将不同的数值按连续阶层集合在一起。同样，有关的历史事件也依照发生的时间、地点，在儿童心智中构成一种文化事件的时空体系。

其实，大自然的创造也是这样出现在儿童语言（母语）的建构中。语言先是由单字的发音与文法构成，每个单字必须放在合适的位置以表达思想。这是第一个基本结构，大约在孩子满两岁时完成，这时的词语量相对较少。接着，儿童的词语自然而然地日渐丰富，已经确立的语言秩序随时吸收新单字，把它们放在适当的位置。

我们在实验中对九岁以下儿童采用的方法，也可以用到更大的孩子身上，并可以肯定，对学校中处于发展中的各年龄段的儿童而言，这种方法都不会妨碍其个人活动，而会让他们服从各自“心智发展的自然过程”。

当然，随着文化程度的提升，小学老师或中学老师的作用越来越重要，但他们的角色与其说是灌输知识，倒不如说是引发孩子的学习兴趣。因为孩子一旦对某个问题产生兴趣，便会长久地钻研或探讨，换句话说，即想要自己亲自获得这份经验。然后这项知识的获得便得到了确认，而且还会延伸扩大，于是老师被迫超越自己亲手制订的教学大纲的界限。这时他所面临的困难，不是如何“让学生学”，而是如何适应学生出人意料的需求，并随机应变地答复各种问题。也就是说，教学范围不知不觉地扩大了。很多时候在沉寂、停顿一阵子，比如一段假期之后，学生不但记忆犹新，而且神奇地变得知识更加丰富。也就是说，在假期之后，学生比以前懂得还多，可见他们吸收环境知识的能力被唤醒了。

有时，这种自发性活动过程也表现在儿童主动增加某项工作的挑战性上。他们能连续几小时投入该项工作，甚至这项工作将连续几天占有孩子全部的心智能量。我记得有个孩子想绘制莱茵河的地图，包括这条河所有的支流。因此，他必须在学校课本以外的地理书中寻找资料；他还选用了一种工程师绘图用的毫米绘图纸，然后耐心地用圆规等各种绘图工具实现了绘制地图的目标。当然，任何人都不会要求一个孩子去完成这样一项工作。

还有一次，我见到一个孩子想用一个30位数去乘另一个25位数，乘积之大出乎他的预料，他不得不请另外两个同学帮忙把一张张的纸粘起来，才够容纳繁杂的运算过程。三人连续工作两天后，仍然没有算出结果，到第三天才终于完成。其间他们没有表现出任何厌烦，相反，在大功告成之时显得自豪而满足。

我还记得有四五个孩子决定做一道数字自乘的代数乘法，即求数的平方。这项工作也使他们粘贴了许多纸张，最后整个纸条长达十米。

这些需要耐心的工作，能够加强孩子的心智，使他们的心智变得愈加敏锐，就像体操能强健身体一样。

有一次，一个孩子获得了分数运算的心算能力，也就是在心智层面上保留数字与连续算式的图像。当这个孩子不用笔也不用口，默默地进行心算时，老师（来荷兰蒙台梭利学校参观的英国学校的校长）因无法心算而在一旁用笔算。最后孩子报出答案，老师发现孩子的答案不对。那孩子并没有慌张，沉思了一会儿，说道:“对，我看到错在哪儿了。”片刻之后报出正确答案。在复杂的运算中以心算纠正错误的能力，比心算本身更惊人。可见，儿童具有在心智中进行所有运算过程的特殊能力。

还有一次，一个孩子在学会使用蒙台梭利教具求平方根之后，突然兴致勃勃地用自创的方法算起平方根来。可惜，他不会解释自己的方法。

这些例子不胜枚举。最特殊的是，一个孩子耐心地对一整本小书做文法分析，连续几天坚持不懈，直到完成。

这些心智表现，表明幼儿有一种“形成能力”的机制，这些能力不是借着外在实用性活动产生的。成人没有办法像强迫儿童做体操那样，将这些练习加在他们身上，因为强制性的练习本身不够吸引人，又毫无目的可言。儿童内心产生持续而浓厚的兴趣，且保持长久专注是不可能靠人为实现的，这实在是一种自觉的、非人为引发的强大力量。虽然许多孩子在各种活动中似乎是在“浪费时间”，但是这些孩子在文化与艺术的各个领域中都获得惊人的进步。

印度一家学校里有专教音乐与舞蹈的老师，当老师不在的时候，有一群孩子常常聚集在音乐教室里即兴创作老师从未教过的舞蹈，其形态完全不同于印度艺术中的拘谨动作；其中还有孩子用乐器为自创的合唱伴奏。所有的孩子都表现出超越喜欢的浓厚兴趣，学校里时常能听到这些新颖的音乐创作。

上述现象和传统教育中所定义的与“学生”心理有关的现象完全不同，后者只考虑来自理性思考或外部压力的“意志力”和“努力”。这里起作用的，不是某种思考结果或某种实用的措施，而是一种生命现象，是“突然的爆发”。在真正掌握知识时所取得的进步，显然是受到这些内在能量的帮助，而非某种强加的刻意努力的结果。儿童所获得的成果，同这些怪异的耐心练习与勤奋工作并没有直接的关系，它们倒像是属于一种内部机制，在启动时对人格的整体发展有一种推动的作用。

事实上，最直接的结果是“个性”的形成。孩子不仅在知识的获得上取得惊人的进步，而且更加有自身意识，更能控制自己的行动，对自己的德行更有自信，不再因害羞或恐惧而变得固执或迟疑，甚至开始适应变化多端的人事与环境。对生命的热爱和纪律，与其说是外部条件的制约，倒不如说是这些内在因素影响的结果。这时，孩子便有了主宰环境的能力，由于他们心理平衡，有能力辨识方向并评价自己，表现出安定和谐的个性，因此能够轻而易举地与他人和睦相处。

我们在这个实验过程中，也遇到偏见的压力。当时，虽然人人都抱怨缺乏知识，强调知识在现代文明生活中的重要性，但仍习惯于以保护儿童的名义，反对蒙台梭利学校中的学习活动。在心智惰性的作用下，人们把我对蒙台梭利学校孩子的表现所做的解释，看作教育学甚至是心理学上的谬论，并且反对使用我们为帮助儿童发展所提供的教具。他们利用在传统学校孩子身上发现的心智过度疲劳现象来攻击我们，指责我们勉强儿童使用其智力能量，或者批评我们的思想是“智力至上”。其实，我们是完全无辜的。

我们在前面篇幅中选载的故事，完全是对事实的单纯描写，我们对此的惊讶并不亚于其他人。谁敢尝试激发儿童的这些能力表现？我们当然不敢，是孩子自己向我们表现出来的。我们所做的只是在蒙台梭利学校的自由气氛中尊重他们，只是按他们的要求提供帮助。当然，我们也曾去试着了解这些能力的源泉，探寻容许以及有利于儿童“爆发”的条件。同样的现象反复出现在世界各地，出现在所有孩子身上，不分种族也不分文明程度。如此，我们才不得不提出以下结论：这些是纯属正常的能力，是人类的能力；它们长期以来深藏不露的原因，是成人没有尊重儿童心智形成的规律，没有提供儿童应享有的权益。

儿童的社会问题

我们上面提到的结论得来不易，因为千百年来人们心中形成的偏见构成了庞大的障碍。有关儿童及其教育的问题，是自人类出现以来就存在的，还将继续存在下去，这些偏见在时间的长河里得到凝聚并遍及全球。但不幸的是，某些现代科学或某些科学，尝试以适宜儿童行为的表象（事实上是外部条件作用的结果）为发展基础，向成人所抱持的偏见妥协。正因如此，我们前面描述的儿童行为真相，才没有被具有慧眼的人观察到，却被那些已经为偏见蒙蔽的人盲目评价。

这些偏见如此普遍，以致很难澄清，何况它们又同显而易见的“事实”混在一起。因为几乎所有人都只看到儿童显而易见的外在表现，而没有见到鲜为人知的另一面。如果我们在公众面前宣称，教育改革的前提是克服许多偏见，那么听众中思想最先进、最不带偏见的人立即会想到“教什么”的问题，而不会想到儿童本人。他一定会考虑如何纠正教学内容中的偏见或错误，防止其蔓延。有人会主张避免教授宗教理念，也有人会提出要消除社会等级的偏见，还有人会建议祛除现代社会中已经过时的常规习俗，总之众说纷纭。但是还是没有人会想到，有一些偏见在“妨碍”我们用新的视角审视儿童。

研究儿童心理或从事儿童教育工作的人，考虑的不应是困扰现代教育的社会偏见，而应是别的偏见——与儿童的自然天性、能力和“异常”生活状况直接相关的偏见。

通过祛除宗教上的偏见，或许人们更能理解宗教的意义，但仍不能了解儿童的自然人格；通过祛除社会等级的偏见，或许能加强社会成员之间的了解，促进和睦，但仍无法更加了解儿童；如果人们承认某些社会关系中的成规已经过时无用，或许能移风易俗，但仍无助于加深对儿童的认知。

人们普遍认为一切都应以有利于社会进步为前提，而把童年的必需摆在一边不予理会。在社会中，在各项改革中，人们一直看到的只是成人自己，儿童始终是社会的局外人，是生命中的未知数。

由此，成人世界产生了这样一种偏见，即儿童的生活只能经由教学得到改变或改善。这种偏见使人看不到以下事实：儿童能够自我建构，他们的内在有一个遵循一定教育规划和技巧的导师；成人心底里若能认可，就能有幸成为这个不知名的导师的助理和忠仆，以合作者的身份帮助他。

种种偏见之下，人们认为儿童的心智空空如也，既无导师也无规律可循，因此成人有灌输、引导和指挥儿童的重大责任；又认为儿童的心灵有易受污染、堕落和懒惰的趋势，有如随风飘荡的羽毛容易迷失方向，所以成人应该不断刺激和鼓励儿童，不断纠正和引导他们。

在身体的发展上也是这样。人们认为，儿童无法控制自己的行为、无法自主，于是赶紧包揽一切，丝毫不考虑儿童是否能够独自完成。成人还认为，孩子真是个负担，既要照料他们又要对他们负责。

成人深信自己必须在儿童身上“创造”一个人，认为这个来到自己家中的人将来所拥有的智慧、才干与个性都是自己的杰作。于是，自豪与焦急的责任感同时产生。那个孩子必须对他的创造者、对他的拯救者抱持无限的尊敬与感激之情；如果稍有反抗，便是犯错，必须得到纠正，必要时成人甚至不惜动用暴力。那个孩子要达到完美，必须完全处于被动状态，也就是唯命是从。他完全是父母的寄生虫，只要还是家人的经济负担，他就必须完全仰赖父母。他永远只是“孩子”！即使他已经长大成人，每天早上必须剃净胡须才能去大学上课，他也还得像孩子时那样依赖父亲，依靠老师——按父亲的心意行事，按照老师的意图学习。即使大学毕业，即使年满26岁，他仍是这个社会的局外人。

到了一定年龄，在父母许可的情况下，他才可以结婚；而且这婚姻也不是依据自身需求和感情归属而自由选择的，而是由成人所谓门当户对的社会法则所决定的。

他甚至不得不以死效忠，因为社会要对他说：“寄生虫，现在你要做好杀人或被杀的准备！”如果没有这样做，或是没有服完兵役，便会因不履行义务，遭整个社会放逐。

所有这一切如溪水潺潺流过草坪，悄无声息、潜移默化地进入我们生活的世界。这是成为一个真正的男子汉必须要做的准备。至于女孩，就更没有独立机会，一生没有出头之日。

这种生活方式的常态形成了社会的基础，不遵从的人便不能被称作“好人”。

这样，从出生到完成成人规定的所有步骤这段时间内，儿童和不能自立的人——青年，尚不被当作一个“人”。人们对那个青年说:“你只管读书，不要过问政治和参与议论，你还没有公民权。”

只有经历了这种专制的预备阶段之后，社会之门才会打开。在文明史上，的确曾有过一场革新。古罗马的法律规定，父亲因创造了孩子而拥有剥夺其生命的权利。因此，天生弱小和有缺陷的婴儿常被投下断崖，以确保种族的优秀。从这个方面来说，天主教至少使缺陷儿童在“尊重生命”的规定下受到保护，但也只是儿童不再无辜受到残害，仅此而已。

后来发展而来的卫生保健科学，保护儿童的生命不受疾病、不受明显残暴行为的伤害，并没有规范保护所有儿童生命发展所必需的社会条件。

儿童的人格被埋葬在所谓的秩序与正义的偏见之下。成人如此热衷于捍卫自身权利，却忽略了儿童，甚至根本没有想到儿童也有权利。生活就在这样的情况下继续，日复一日，年复一年，直到这个世纪。从这些理念又生出新的偏见，全都以“保护与尊重儿童生命”为美丽的外衣。比如，认为幼儿不能胜任任何形式的工作，应该过着不用大脑的生活，只能按某种既定的方法游戏。

因此，当有一天成人发现，儿童原来是个优秀的工作者，既专心致志，又不教自会，还拥有内在纪律，自然觉得像天方夜谭一般；不觉惊喜，反觉荒唐。人们的注意力没有放在这个事实上，毫不考虑成人自己是否可能犯错，而是一味地认为这些现象是不可能的，是不存在的，或者说没那么重要。

目前解放儿童并培养其能力的最大困难，并不在于寻找某种成功的教育方法，而在于如何克服成人对儿童的偏见。所以我才主张辨识、研究并克服对儿童的偏见，而不去触及成人一生累积的其他偏见。

克服这种偏见是一个涉及儿童的社会问题，应与教育改革同步。也就是说，必须开拓一条通向这个目标的大道。如果直接针对成人对儿童的偏见，那么以成人为对象的革新也必须同时开展，因为要克服的障碍在成人身上。这种成人革新对整个社会都有重大影响，它代表了障碍重重的人类意识有一部分觉醒了，若没有它，其他的社会问题也都会不见天日，得不到解决。不只是某些成人，而是所有成人的意识都被蒙蔽，因为人人都与孩子往来。由于对儿童的意识模糊，便无意识地行动；在儿童问题上，从不运用在其他领域的进步思考能力与智慧，真的如同视网膜上的盲点一样。儿童这个未曾真正被认识的人，这个不被理解的人，有时被看作婚姻所带来的牺牲与责任，不值得惊叹，也不值得欣赏。

请让我描述一下这种心理情结。假设儿童在天性中真有某种神圣特质，如耶稣圣婴降生，能激发艺术家和诗人的创作灵感，能唤起人们得救的希望，能使各地信徒都心甘情愿地跪拜供奉。其实，耶稣圣婴在人们的心中也的确是一个真正的孩子，一个没有意识的新生儿。几乎所有的父母，在婴儿诞生时，都会产生这种崇高的感情，视之为爱的结晶。但过一段时间，这个成长中的孩子开始带来麻烦，于是家长几乎是懊悔地提防着这孩子，不要被他烦到。孩子入睡，家长便觉欣慰，甚至觉得他睡得越久越好；条件允许的话，就把他交到外人手中，交给保姆照顾，甚至大胆到请保姆把孩子带得越远越好。如果这个孩子，这个按无意识冲动行事、不可理喻且不可理解的小东西不肯服从，那么就要惩罚他、教训他。而孩子作为弱者，没有任何心智上与体力上的自卫能力，当然只能无条件接受。于是，爱孩子的成人心中产生了一种“矛盾”，一开始也不是没有痛苦，也不是没有内疚，但后来心理机制的作用使成人的意识与潜意识达成了某种妥协。套用弗洛伊德的术语来说，就是产生了一种逃避心态——占了上风的潜意识提醒成人：你们的所作所为不是与孩子过不去，而是对他负责；这是一种必要的手段，因此你们应该鼓起勇气继续努力，因为你们这是在“教育”孩子，在他们身上建构“善”。有了这种借口作为理由之后，成人欣赏儿童、爱儿童的自然感情便被埋葬了。

这种态度人人都有，因为这属于人类的天性。世上所有家长的内心都有一种“潜意识的自卫机制”，他们互相支持，整个社会也形成一种集体性质的潜意识，一致远离并压抑儿童——这是为他好，是对他负责，甚至是为他牺牲。在这种情况下，最初的内疚心态也消失了，在社会的一致支持下被完全埋葬。也可以说，这种妥协成为一种暗示，成为一种人人赞同、无可争议的绝对真理。而所有的未来家长也被暗示，要做好为了孩子的未来尽责并牺牲的准备。

这些被暗示的人们便这样调整自己的意识，而儿童则被这种潜意识葬送了。对这些人来说，只有受到暗示的东西才存在，这种情况代代相传。于是千百年来，被葬送的儿童始终没有办法表现自己的任何高贵天性。

我们可以用一个代号来表明这个现象。人们所相信的善，其实是一种伪装的恶，是一种有组织的恶，但它找到了解决剧烈矛盾冲突从而存在于潜意识中的方法。没有人要恶，人人都想要善，但这种善即是恶，而每个人都受到来自道德环境的一致暗示而变恶。于是，社会上出现了一种名为“善”的恶组织，用暗示的方法，将它加注在全人类身上。若将这些关键词的首字母合在一起，就形成了一个新单词——OMBIUS，我们称它为“奥姆比斯”。

奥姆比斯

整个社会的奥姆比斯主宰着儿童，人人都被奥姆比斯支配，而看不到这个卓越的孩子、耶稣圣婴的小兄弟。这种成人心态永远笼罩着儿童的生活，才华横溢的孩子已化成了宗教祭坛上供奉的形象而已。

即使当所有的成人都已圣化为神的儿子，当“耶稣活在每个人身上”成为每个信仰耶稣者的结局，当他们同耶稣合一的程度高到能说“现在活着的已不再是我，乃是基督耶稣在我里面活着”，彼时，儿童仍然是例外。圣婴与被埋葬在奥姆比斯中的可怜的新生儿是两码事，人们在后者身上看到的只是必须被救赎的原罪。

这个难解的人性小故事，描述了自始就有增无减的对儿童的彻底压迫。儿童虽然被隔离在各自的家庭中，但摆脱不了由成人组成的整个社会偏见。而在争取人权的社会运动中，儿童总是被遗忘。

历史没有正式编撰并记录对儿童的不公，因此在各级学校都学不到这种历史，即使是专攻历史的大学生也未曾耳闻。历史记载的只有成人，因为只有成人才有意识地活着。同样，专攻法律的学生也只学习古代与现代形形色色的法规，并不在意从来没有保护儿童权益的法律的事实①。可见，文明进程在儿童问题上一跃而过，从未将它看作社会问题。

当儿童对成人有利时，也会被当作高举的旗帜而加以利用。即使在这种情况下，他们仍不可避免地处于成人意

---

① 20世纪初，儿童权利还是一个未被确认的概念。国际联盟于1924年通过了《日内瓦儿童权利宣言》；联合国于1959年通过了新的《儿童权利宣言》，确立了儿童不受歧视、最大利益、特别照顾、免费初级教育、不受虐待剥削和买卖等十项原则。随着国际人权运动的不断高涨和深入人心，给儿童权利赋予条约法效力的呼声日益高涨，联合国大会于1989年完成并通过了《儿童权利公约》。该公约包含了一整套普遍商定的准则和义务，在追求一个公正、彼此尊重以及和平的社会的过程中，将儿童放在中心位置。到21世纪的今天，《儿童权利公约》的原则已融入世界各国的法律。——译者注

识的盲点。举个很明显的例子，法国大革命时期，人权问题被首次提出，其中包括人人受教育、学习读写的权利——一直属于上层社会的特权，首次成为大众的权利。按照逻辑，所有成人都应承接学习的新使命，因为这种权利不仅意味着特权的消失，也要求人们做出进取而改善自身的努力。然而，人们却决定由儿童为这项权利付出代价。

于是，在人类历史上，儿童第一次被“动员”，不分性别都被征召入学，就像战争时代所有男性被征召服兵役一样。

我们都了解儿童后来的可悲命运！他们等于被判无期徒刑，因为整个童年都被监禁。他们被关在空荡荡的教室中，坐在木板凳上，忍受暴君的欺压，甚至必须按照暴君的想法思考，按照暴君的意愿学习，按照暴君的意图行动。娇嫩的手必须用来写字，丰富的想象思维必须用来记忆枯燥的字母形状。儿童在字母上看不到可能带来的益处，益处只有成人明白。

这是一部没有记载的痛苦历史！儿童深受折磨，他们握笔的手指被老师的木棍敲打，被迫完成残酷的练习。这些囚徒的痛苦再明显不过，甚至在成长之初的关键阶段，因长年累月坐板凳而造成脊椎弯曲。儿童在教室忍受寒冷，在疾病的边缘挣扎，像在集中营里度过童年。这种情形持续至今，成人而非儿童从中获益，但没有人感激儿童，没有人想办法减轻他们的痛苦。

然而另一方面，在婴儿诞生时，家长的确充满父爱与母爱的自然感情，确实怀有动物也有的保护后代的本能。

如果不把这些看作难解的潜意识，又怎么解释？或者有什么能比潜意识更好地解释对儿童的奥姆比斯与偏见？

在20世纪，人们真有心减轻这些痛苦，有心改革教育，建造更健全、更漂亮的现代学校。尽管如此，一切仍摆脱不掉奥姆比斯，透过奥姆比斯扭曲的眼光，所看到的仍是不被理解的儿童形象。

星　　云

我们可以假设存在某种语言的遗传特质，它就像一团星云，起初并没有坚实的形态，似乎悄然无息，但若没有它，任何语言都不可能有发展的机会。

人与动物

只有在逻辑思考的前提下，人们才会发现：从遗传角度来说，人类的新生儿的确有别于其他哺乳动物的幼兽。

通常所有哺乳动物的幼兽都会承袭某种固定的行为，就像身体外形特征是固定的一样。动物的身体形态是与生俱来、固定不变的，正适合它们日后生活的功能、习性与移动的方式，如跳跃、奔跑、攀爬等。因此，适应环境意味着实际运用这些特定功能。其目的不只是保存物种，也是协助大自然的整体运作，以完成各自的宇宙使命。用来跳跃、奔跑、攀爬、挖土的爪子，其结构都适合各自的功能运作。连某些动物的凶猛性、嗜尸性和秽物的排泄，也是地球表面宇宙秩序的一部分。同样，身体的结实和柔软程度也依照各物种要完成的宇宙使命构成。只有少数物种拥有某些特殊但有限的适应变化能力，这些动物已被人类驯化成家畜。绝大部分的动物则一成不变地保留遗传特质，没有被驯化的可能。

而人类拥有无限的适应能力，能够生活在大部分地理环境中，具有各种各样的习性与工作形式。人类是唯一能够经由自身活动不断改变外在世界的生灵，并因此而带来文明的发展。人类不像其他生物那样，拥有天生固定的行为。借用近代某个生物学家的话来说，人类是永远处于可塑性的童年状态的生物，因为他们不断地持续发展。

这是第一个差异：人类未由遗传获得固定的行为。

另一个显著差异是：婴儿无法立即拥有成人的特征——没有任何哺乳动物的幼兽像人类婴儿那样柔弱。许多动物，如牛、羊、马等，几乎一出生就能站立，仍在哺乳期就能跟在它们的母亲身后奔跑。就连和人类最相近的猴子，也是一出生就敏捷灵活，能紧贴并牢牢抓住母猴的身体，不需要母亲用手抱着。母猴用双手爬树时，小猴就用自己瘦弱的手臂紧紧抓住母亲的身体。还不止这样，有时小猴子会自己跑出去玩耍，母猴要费尽九牛二虎之力，才能把它们抓回身边并让它们老实地待着。

人类的婴儿却有很长一段时间无法自理，缺少生命力。他们不会说话，其他动物一出生或是“咩咩”叫，或是“汪汪”叫，或是“喵喵”叫，都按照与生俱来的固定、有限、特定的“语言”发音。不分国别、不分种类，所有的狗都是“汪汪”地吠，所有的猫都是“喵喵”地叫。正如所有的鸟都有自己鸣叫或歌唱的方式，所有的物种都有属于该物种特征的“语言”。

婴儿长久的柔弱和无能，仅有人类物种如此。当那些身体比人类庞大得多、具有类似生理器官的牛已能生育时，同龄的人类后代还处在距成熟相当遥远的童年。

那些只研究身体形态及其器官发展，从而推断人类从动物直接进化而来的学者，并没有对这个奇怪的特征与差异——人类的漫长童年，抱持该有的重视；这也是进化论未能填补的一项空白。

人们可以顺理成章地推断，人类是猿猴经过对环境的漫长的适应努力之后进化而来的，而且进化只是依靠这些努力。因为很明显，人与猴子在身体上很相似。原始人的头部与高级猿猴相当类似，两者的四肢和骨架也有惊人的雷同之处。有人相信，原始人需要常常爬树，如电影《人猿泰山》中所展现的一样，这是有可能的。然而，有一点解释不通。我们可以假设一个具有最初生命形态、会攀爬树木的原始人确实存在，但他怎可能有一个会说话、会自己抓住母亲、会站立并能立即奔跑的婴儿？这种假设不可能成立。因为我们没办法解释：为什么人在逐渐进化为高等动物，即成为人类的过程中，其婴儿反而退化到不能行走、不会说话、呆滞迟钝，并几年内仍无法拥有做进化之前所能做的事的能力？这似乎是不合逻辑的。

事实上，令人类真正有别于其他动物，而且十分宝贵的人类特征之一，就存在于新生儿身上。

今天找不到答案没有关系，事实已在那里。而且，由此不难推断：既然人类的新生儿远不及哺乳动物的幼兽，那他们一定拥有某种其他动物所没有的特殊功能。这种功能并非由先前的幼儿形态遗传得来，它一定是进化过程中出现的某种特征。这种特征在成人身上是观察不到的，只有观察儿童才能看到它的明显表现。

在进化到人的过程中，产生了某种新事物。正如在爬虫类进化到鸟类与哺乳类的过程中出现了新特征一样，如温血、孵卵与照顾幼兽的本能，即保护物种的特征。鸟类与爬虫类的真正差别不在于始祖鸟的口中出现牙齿，或长尾巴的多椎骨结构，而在于伴随温血出现的前所未有的父母之爱。也就是说，在进化中不光有变化，也有添加成分。

儿童的功能

儿童除了比成人弱小，一定有其特殊的功能。他们不是生来就具有必然达到成人状态的特征。如果幼儿像其他动物那样拥有固定特征，那么人类就不可能适应遥远的外地风土，也不可能在各种社会形态中进取，更不能从事各种复杂的工作。

人在遗传上的确有别于动物，显然他承袭的不是特征，而是形成特征的潜力。而且，儿童是在出生之后才开始建构自己属性的族类。

我们以语言为例。人类肯定拥有并传承发展某种语言的全新能力，这与智慧、为进行社会合作而传递思想和信息有关。但人类并没有共同一致的特定语言，人不是因为长大就自然会说哪一种语言——不像狗，不管在世界上哪个角落，即使远离其他狗，还是会吠。人类的语言是一点一滴积累而获得并形成的，而且，正是在不太会走动、没有意识的幼年时代发展的。孩子要到两岁或两岁三个月才能够清晰地说话，才会准确地重复周围人使用的语言。他们并不一定继承父母的语言。如果某个孩子因故离开父母亲人，远走他乡，被安置在说另一种语言的国家里成长，那么这个孩子习得的将是所在地的语言。一个意大利新生儿若被带到美国生活，他讲的将是美国腔的英语，而不会讲意大利语。因此，是孩子本人掌握语言，在获得该语言之前，他就像个哑巴一样，这与其他动物是截然不同的。

历史上曾经记载过少数被抛弃在森林中、后来被找到的野孩。尽管人们找到他们的时候，他们已经12岁或16岁了，可是由于一直同野兽生活在一起，他们不会说话。尽管这些野孩和野兽们一起生活，他们之中没有人能够再现野兽的吼叫声，可以说，在某种意义上他们是被野兽领养的。法国著名的12岁野男孩维特，在森林中被找到时不会说话，经著名医生伊塔①诊断，他既不聋也不哑。后来在医生耐心地教导下，维特学会使用简单的法语进行对话，甚至会用法语阅读和书写。这说明那孩子原来既不聋也不哑，只是因为长期远离人类，生活在没有人说话的地方，才显得又聋又哑。

可见是儿童自己从头开始发展语言。他们固然是自然地发展语言，也就是说他们承袭了语言能力，但语言本身是他们自己经由环境发展的。近来，心理学界通过仔细观察儿童语言发展过程而得到的研究结果再有趣不过。他们发现儿童是在相当柔弱无助的岁月里，无意识地按语法吸收语言。直到有一天，确切地说是两岁三个月左右，突然出现相当成熟的语言爆发现象。

由此可见，在幼儿尚不会表达的漫长阶段中，内在的发展在悄悄地进行。他们正在神秘的无意识中建构语言，包括表达思维时必须遵循的语法顺序、规则。这是儿童建

① 伊塔，法国医生，收养野男孩维特，尝试对其施予教育训练，对日后特殊教育有深远的影响，堪称启智教育的先驱者，并影响了蒙台梭利的教育理念和方法。——译者注

构任何语言的程序，无论是简单如某些非洲部落的语言，还是复杂如德语或俄语，都是在同一阶段被吸收。任何种族的儿童都是在两岁左右开口说话，过去也一定如此。古罗马儿童当年所讲的拉丁语，晦涩难懂、复杂无比，令现在的高中生也大为头痛；而古印度幼儿所说的语言，正是当今学者都觉得难以掌握的梵文。

譬如南印度的泰米尔语，发音十分困难，有不少几乎难以察觉的强弱变化，只要稍稍提高或降低语调，就会改变语句的含义，对我们来说十分难学；但生活在南印度村落与沙漠的两岁幼童，却运用自如。

同样，对学习意大利语的人来说，最大的困难之一是记忆名词的阴阳性别，因为毫无规律可循。而且有的名词单数时为阳性，复数时又变成阴性；反之亦然。因此，一个外国人很难不犯错。然而，街头的顽童却不会搞错，还会取笑犯错的外国人。有时一些学识渊博、专攻意大利语的学者，自认在文法和发音上同意大利人无异，却仍会被别人问:“您说话时带外国腔，请问您是哪国人?”

童年时代吸收的语言显然是模仿不来的，这是我们的母语。不管文化高低，人人都有母语。母语是每个人在发音、语调以及在文法修辞上真正能掌握的唯一语言。只要人一开口，就会透露出他的国籍或民族，就如肤色和身材能说明他的来历一样。

那么，那些不同的语言是如何形成的？那些经由代代相传、凝练精华的语言，那些经由人类智慧发展的语音，当然不是因为儿童有意关注、用心学习的结果。人类从上一代承袭的是语言的能力，并没有继承某种特定的语言。那么人继承的到底是什么？这可以比作创造天体的星云，原是一团团松散的太空气体，无法触摸的物质，却能一点点逐渐凝固，演变成满天星辰。

我们可以假设存在有某种语言的遗传特质，它就像一团星云，起初并没有固定的形态，似乎悄然无息，但若没有它，任何语言都不可能有发展的机会。星云，这种神秘的潜能，好比胚胎细胞中的基因，能够指引未来的细胞组织，形成复杂而精确的器官。

心理胚胎

我们是否仍能称呼一个初生婴儿为“胚胎”[①]？初生婴儿的身体尚且柔弱无力，从表面上看也没有心智能力，但却含有发展心智的器官与能力。我们称他为一个“心理胚胎”。他有自动发展能力，但只能经由环境——那个文明形态丰富多变的环境来发展。这就是为什么人类胚胎必须在完成之前出生，又必须在出生之后发展，因为他的潜力要靠环境的刺激来发展。

影响“内在”的因素可能有很多，正如身体成长过程中，受基因与各种荷尔蒙的影响。在心理胚胎发展过程中，存在着一些导引性的敏感期。比如在语言发展中，研究者在实验中发现：在生命的最初几周，婴儿的耳朵是发育最迟缓的器官，但婴儿此时又需要靠听觉捕捉语言中最细微的发音。所以，这时的耳朵不只是作为一个听觉器官在运作，同时受到特殊敏感期的引导，从环境中巨细靡遗地捕

① 在生物学中称在母体内的初期发育阶段（由受精卵开始到出生前）的雏体为胚胎。——译者注

捉人类说话的声音。这些声音不仅被收集，还会引起声带、舌头、嘴唇等肌纤维的反应。然后一旦发声器官在某个时候觉醒，就能发出那些声音。但这并不是立即的反应，而是先被储存起来，等待语音爆发的那一刻。就像胎儿在母体中形成后并不运作，而是等到某个时刻受到刺激出生之后，突然开始运作。

这些当然只是假设，但创造能量引导内在的发展则是事实，而且这些发展在向外界表露之前，就已经达到成熟的地步。

当它们有所表现时，已经是成形的特征，是个性的一部分了。

吸收性心智

当然，并不是所有成长的复杂程序，都照着成人的既定模式运作。因为儿童学习母语，并不像成人学习外语那样，必须吃力地运用心智能力。他们完成了一种稳健、精确、奇妙的建构，就像胚胎期逐步完成器官的建构，以组成整个生命体一样。

也就是说，在幼儿身上存在着一种创造性的无意识心智，我们称它为“吸收性心智”。吸收性心智的建构不依靠意志的努力，而遵循内在敏感性的引导，我们称之为“敏感期”。因为这种敏感性是暂时的，只持续到获得大自然所赋予的能力为止。因此，如果某个孩子的“语言星云”发展受到障碍，比如建构性的听觉敏感性无法运作，那么即使他的听觉与发音器官完全正常，也会变得又聋又哑。

显然，在人类心智创造中，必定存在某个秘密因素。如果我们的学习必须专注、刻苦并运用我们的智慧，而尚未具备智慧、意志与专注等能力的幼儿，怎么能从事如此庞大的建构工作？可见，他们的心智一定有与众不同的地方，在无意识中可能存在一种异于“意识性心智”的心理运作机制。

语言是最能清楚解释这种心智差异的例子，因为可以做直接而详细的观察。

无意识心智不会遇到成人在学习中遇到的各种困难，如简单语言和复杂语言的难度差异。既然没有难易之分，也就没有与此相关的进步快慢之别。一切都是在同一阶段获得的，这种语言获得不能与成人学习时的艰辛相比，也不能同成人背了又忘的衰弱记忆相提并论，因为无意识阶段获得的语言是不可磨灭的印记，是固定在人身上的一种特征。母语之外的任何语言都不可能成为一种特征，也没有任何语言能被掌握得像母语一样牢固。

对成人来说，用意识性心智学习一门外语完全是另一回事。当然学习某种文法简单的原始语言很容易，如非洲中部一些土著的语言，许多传教士在沙漠的旅途中就学会了。而学习拉丁文、德文或梵文那样复杂的语言则十分困难。学生要花上四年、五年，甚至八年的时间学习它，但仍不可能完全掌握。一种灵活的外国语言是不可能完全掌握的，某些细微的文法错误或外国口音，就能表明这人讲的不是母语。而且，外语若不持续使用，很容易就会被遗忘。

母语不是靠有意识的记忆形成的，它被存放在一种不同的记忆体中。这种记忆体，类似于现代心理学家、生物学家或心理分析家所说的“牧内美”或“生命记忆”，即保存历经无数世代，经由遗传获得资讯的记忆，被看作一种生命力量。

也许用一个浅显的比喻，可以描述这种差异。照片与用手绘制的图画作品——如图案、绘画等，是大不同的。一台照相机可以用胶卷在一刹那间捕捉任何经由光线传达的事物影像，并无难易之分——无论要拍摄的，是一片大森林，还是一棵独立的树；是一群人及其周遭环境，还是一张脸部特写。不管拍摄对象多么复杂，照相机都能在一瞬间以同样的方法捕捉事物影像。只要快门打开，光线射入底片的那一瞬间，不管是仅有标题的封面，还是写得密密麻麻的整页文字，过程与结果完全一致。

然而，如果要用手绘制一幅图画，便有了难易之分。画一张脸的轮廓、画一个人的全身、画一群人和画一幅风景，所用的时间各不相同。即使画家有心，也永远不可能在画中表现所有的细节。因此，需要翔实记录某事物或身体某部位时，需要的不是图画，而是照片。抄录一个书名当然比抄写整页文字简单而迅速，逐字逐句抄写时，才会明显感到手工的缓慢和费力。

而照相机在捕捉了影像之后，并没有任何已获得该影像的外在表现。必须在暗房取出胶卷，放在化学物质中显影，然后进行定影；等影像固定之后才能冲印照片，然后把它暴露在阳光下，使摄取事物全部细节的图像永存。

吸收性心智似乎也是如此工作的。这里的图像也必须留存在无意识的暗房里，并由神秘的敏感期加以固定；没有任何外部显示，只有在这神奇的过程完成之后，这种创造性的成就才会暴露在意识的阳光下，被固定的影像连同所有细节将永远不会消失。在语言发展上，一切成就都是在两岁过后爆发出来的。此时，无论是有关发音、单词的前缀与后缀、词尾变化，还是动词的时态变化、句法构造等，都能各就其位。母语成为一种无法磨灭的民族特征。

吸收性心智——人类的神奇天赋！

儿童无须刻意努力，只要“生活”，就能从环境中吸收语言等复杂的文化。

如果成人能保留这种精密的心智形式，学习就不成问题了！假设我们可以去另一个世界，比如去木星，见到那里的“人”只管散步和生活，不用上课就能吸收全部科学知识，不用一再练习就能获得许多技能，我们一定会说：“多么幸福啊！”其实，这种幻想的心智形式是存在的，那就是幼儿的心智。这是一种隐藏在创造性无意识里的奥秘。

语言，这人类数千年来依靠智力累积的语音结构与思想的表达形式，如此凝聚在儿童的心智中。因民族而异的其他心智特征——如习俗、偏见、情感，也同样得到凝聚，还有成人感到已“融入血液里”的所有其他特征。即使想以我们的智慧、逻辑和理智来改变它们，也不可能做到。有一天，我听到印度的甘地先生说：“我可以赞同并遵从许多西方人的习俗，但永远不可能抛弃我对母牛的崇拜。”也许不少人想过:“不错，我的宗教从逻辑角度考虑实在是荒唐，尽管如此，我还是对圣物抱有神秘的信仰，对它们有种赖以生存的需要。”这些在成长中受到戒律影响的人，即使有一天从哲学系毕业，还是没法消除心中的这些观念。儿童真的是在建构，如同进行心理模拟一样，在自己身上建构周遭成人的特征。这样，他们长大后并不是单纯地成为一个人而已，而是成为所属民族的一分子。

我们触及一个对人类至关重要的心智秘密，即适应的秘密。

适　　应

按照进化论的观点，适应的结果是产生物种的特征，使某物种有别于其他物种，直到特征固定下来，一成不变地代代相传。

人类必须适应各种条件的环境与情境，永远不可能固定他的习惯，因为他会在文明发展史中不断演进，因此在他身上一定存在着某种迅速适应的能力，取代了心理领域的遗传性。虽然在地球上的任何区域——在各个纬度，在各种海拔高度，都有人类存在的事实已证明人类的适应力，但这种能力并非成人所有。成人反而较不容易适应。换句话说，民族的特征已在成人身上固定，成人只有在熟悉的领域才会习惯，只有置身于合乎他们的固定的身心特征的环境，才会觉得舒适。移民他国或迁居他乡的成人，必须经历一番痛苦的挣扎方能适应。因此，探险家是英雄，远离自身生长环境苟活的是流亡者。

已经适应的人，只有在自己的地方、在自己民族文化的情境中才会获得快乐。爱斯基摩人能感受冰川的魅力，埃塞俄比亚人为丛林所吸引，生长在海边的人会享受大海，沙漠民族能讴歌干旱无垠沙地的荒凉诗意。尚未适应新生活情境的人，在努力适应中受苦。难怪传教士要把自己的生活看作一种牺牲。

“童年”使每个人爱上自己的家乡、固守本土习俗。每个人都得适应他的时代，并在那个时代中活得快乐。我们再也无法适应一千年前的社会生活形式；同样，生活在一千年前没有汽车与快速通信设施的古人，也无法适应当今文明社会的噪音与快节奏。他们一定会因现今人类的发现与奇迹创造而感到惊恐万分；而现代人在这个环境中如鱼得水，觉得这才是舒适的生活。

道理很简单，也很明显。因为儿童吸收周遭环境，将之纳为己有，并将自己建构成适应该环境的人。他们为了完成这项任务，必须经历人类特有的心理胚胎阶段，而且是以空无、柔弱的表面形态，悄悄地度过这个时期。

人们自20世纪20年代起，才开始研究儿童。所有研究过儿童的人，都得到以下结论：生命的最初两年是最重要的，因为这两年奠定了一个人人格的基础。新生儿一无所有，又不会走动。但短短两年之后，幼儿便能说话、奔跑，理解和辨认环境中的事物，然后继续他们的童年。孩子在这段岁月中将无意识的创造经验组织起来，并使它们成为有意识的能力。

生命可分为不同的阶段，每个阶段都在自然规律的引导下发展某些能力。如果不尊重这些规律，个人的建构会变得异常或扭曲；但如果人们能欣赏并依循发展规律，尊重儿童的建构，就能看到前所未有的惊人特征，并从中渐渐感受到引导人类心智建构的内在神秘能力。

儿童拥有我们尚不知如何运用的巨大能量。

现代文明最可怕的危险之一，就是在教育儿童的问题上违背自然规律，任凭偏见作祟，压抑或摧残儿童。

与世界接触

我们顺理推论：既然儿童自出生起就必须经由环境建构自己，那么他们就应该有机会接触世界、接触人类的外在生活，更确切地说，就应该参与或接触成人的生活。既然他们必须将所属群体的语言“实体化”，就应该有机会听人说话，参与聊天；既然他们必须适应环境，就应该参与公众生活，有机会看到其所属民族特有的习俗。

这是一个多么怪异却又令人震惊的结论啊！如果儿童被关在托儿所里，远离社会生活，他们当然是被压抑、被摧残、被扭曲的。而且，他们最终会因被剥夺了完成适应的必要工具，而变得不正常，无法真正地适应环境。

应该将那个不会说话、不会走动的孩子带入社会，参与公众集会、加入成人生活吗？谁有勇气做出类似的声明，谁敢对现代的偏见进行如此深刻的变革？

尽管今天人们相当注重儿童的保健和儿童的休息，但仍有大量问题儿童和迟钝儿童出现。他们没有个性，没有热情，语言失调，说话或断断续续，或结结巴巴。面对妨碍儿童社会生活的众多不平衡现象、诸多心理失常状态，人们仍将信将疑。很多人还这样讲:“这当然不好，但你们的补救方法也真是荒唐。”

既然如此，我们就应回归自然。因为如果新生儿的功能的确是适应，那么大自然一定会提供保护，好让儿童的社会功能得以发挥。

事实证明，在那种较原始的自然生活形态中，儿童正是这样成长的。必须经由准备好的环境，适应并建构民族特征的新生儿——那个幼儿，也就是那个心理胚胎，总是参与成人的社会生活。母亲总是带着他们，走到哪里带到哪里。下田耕作的农妇总是将孩子背在背上，其他妇女无论是去市场购物，或是上教堂祈祷，还是同邻居交谈，也都带着孩子。

哺乳作为一条纽带，使幼儿的心理胚胎仍然和母亲紧紧相连，这是不分民族全人类共有的现象。而且，母亲将孩子固定在身上某部位以腾出双手工作的方法，成为各民族习俗的特征之一。爱斯基摩母亲将孩子缚在背上，日本母亲让爱子趴在肩上，印度母亲将孩子绑在腰间，有些瑞士母亲将婴儿顶在头上。母亲就这样完成第二种自然功能，即心理性的功能。她们并没有意识到自己是在完成拯救民族的重任。母亲不是什么教育改革家，也不是幼儿教师，她们不会鼓励孩子观察和学习；对孩子而言，她们只是一种“交通工具”。她们并不在意孩子观察什么，对于她们来说，或者对于所有的人来说，孩子是一个空洞的生物，缄默无言，没有智慧，也不能行动。此乃天意，母亲留意的东西孩子并不在意，而孩子留意的东西母亲也不会有兴趣。

这种场面在较原始的社会更加明显。例如，在某个乡村市集上，有牲口、各种日用品、水果、布料等，还有买卖双方的讨价还价。这时有个襁褓中的婴儿，聚精会神地注意四周。母亲停下来与卖主商议价格或同人交谈时，他便观望周围的事物。母亲不会注意到整体、整个市集，幼儿则不然。母亲关注的只是想要买的水果，幼儿则不同，就是一条狗或一头驴路过都会引起他的兴趣。母亲与孩子兴趣各异，当孩子是被背带或其他东西绑在母亲身上时，与母亲总是背对着背。大多数熟人遇到母亲，可能会停下来对孩子赞美一番，无形之中等于给他上了语言课。

在较原始的民族中，哺乳时间很长，甚至持续两年。在这个重要的生命阶段，幼儿在征服环境。其实幼儿无须喝那么久的母乳，这么长的哺乳期并非必要。但母爱的本能使她们不愿与幼儿分离，即使孩子越来越重，她们也还是心甘情愿带他们在身边。

一位专门研究过中非地区班图民俗的法国传教士，惊讶地发现那些母亲根本没有想到过跟自己的孩子分离。她们几乎认为母子是一体的，孩子是自己身体的一部分。有一次，传教士参加庄严的加冕仪式，他竟然看到皇后抱着孩子来接受王位。他还发现班图女性哺乳时间很长，一般持续两年，就是现代心理学家十分关注的生命最初的两年。

我们当然不能把这些自然习俗当作变革性行为。我们以欣赏的角度看待这些现象，并愿意相信那些孩子之所以有安静的个性，不似现代儿童存在那么多的困难与问题，完全是民俗的功劳。秘密就在这里：母乳与母爱。

大自然，崇高的大自然应该是建构更完善的“超自然”的基石。文明进步当然超越自然，但不能践踏自然去追求进步。

上述这些事例为开始遍及科学界的一般性理论开辟了一条实践之路——教育必须从人诞生之日开始。

结　论

人既不是只靠物质生存的植物体，也不是只有七情六欲的精神体，而是拥有智慧的高等生物，肩负改变、征服和善用地球资源的重大责任，人类要以大自然为基础，建构一个超自然的美妙新世界。人类是文明的创造者，这项工作没有终点，是人类的目的。人，自出现在地球上的那一刻起，就是个工作者。远古人类最早的遗迹是一些手工制作的石器，接着，越来越多的工具不断出现。后来，人成为主宰宇宙中所有生物、所有物质与能量的“主人”。因此，儿童受到环境的影响，经由工作并在周遭环境中循序渐进地完成童年的建构，这是很自然的过程。儿童先是无意识地吸收，配合后来的外在活动，培养并发展他们的人格品质。他们是在进行自我建构，形成自己的个性，培养自己的精神特质。

如果发展只局限于身体，那么儿童等于被判刑，被监禁在一种无法弥补的心智饥饿状态，陷入心智营养不良的恶劣情境，以致不可能发展正常的人性。现在仍只有极少数人注意到，现代儿童从生命之初就表现出十分明显的心智异常。这有两个原因，即心智营养不良和缺乏自主性的心智活动。也就是说，原因在于：负责发展人类心灵的生命能量受到压抑，负责引导儿童成长的自然规则遭到破坏。

文明世界变成一个巨大的集中营，人一出生就立即被捆绑起来，沦为奴隶，人性价值被贬低，创造的冲动被消灭，甚至个人从被爱的人身上获得动力的权利也被剥夺。

具体来讲，这个笼统的概念应该这样表达：必须重新建立一种自出生开始的新教育；应当在自然规律，而不是人类偏见的基础上重建教育。

当今的教育甚至不以科学的方法为基础，因为如今照顾新生儿的方法，只以所谓保健学的自以为是的规则为主，即给予良好的营养，尤其是人工食物。这使母亲也乐得不必哺乳，而早早脱离孩子，把他们隔离在育婴室里，交给一个没有母爱的陌生妇女照料。人们以保护孩子不受阳光干扰为借口，强迫孩子在暗房入睡。当孩子被带到户外时，则被放在婴儿车里，裹得密密实实的，什么也看不见。孩子转头，看到的只有保姆或护士——这些保姆、护士往往是上了年纪的人，因为人们通常认为年纪大的人有经验，更会照顾孩子。孩子对年轻漂亮的母亲充满爱怜的目光毫无概念；他们也被当作只会吃喝的植物人，专科医生或心理专家甚至毫不讳言：儿童是条“消化道”。使之睡眠所需的静谧，取代了人声。这条“消化道”被研究得很透彻：饮食的数量与质量被严格控制，逐步调整。幼儿被定期测量体重，以记录成长速度，而母亲本能的爱抚与触摸被取消。事实上，是大自然激发母亲对婴儿的爱抚，这爱抚是生命所需的刺激，它能唤醒孩子的知觉。轻柔的抚触使婴儿在尚未形成受意志支配的动作前，先经由被动练习来预备肌肉。

真是不可思议！人们居然认为母亲的爱抚与碰触既危险又不体面，担心这会引发刚来到人世的小婴儿的性欲，却从不考虑孩子会因此失去个性，失去将来在复杂的世界中适应与定位的能力。

社会应该从沉疴痼疾中清醒过来，解放那些“文明的囚徒”，为儿童预备一个适应他们最高需求的世界，即创造一个满足他们心理需求的世界。

重建社会最紧迫的工作之一，就是重建教育——为儿童提供适合他们成长的环境。当然，第一个环境是世界，而其他的环境，如家庭与学校，必须能满足创造动力的需求。这些动力在宇宙规律的引导下，会达到人类至善的目标。

直到真知征服偏见的那一天，“优秀儿童”才会在世上出现，充分发挥至今仍潜藏未显的能力。那时出现的儿童将会是理解并掌握当代文明的新人类。

Part 3

世界范围内的读写问题

最初的阅读是按成人的偏见，即成人按照想象中儿童应循序克服困难而设定的：从短词到长词，从简单音节到复合音节，等等。也就是说，在每一个阶段，儿童面前都被设置了一些他们必须跨越的障碍。实际上那些困难并不存在。

专制与扫盲

文盲问题如今又受到瞩目，成为一个很现实的问题。人们不再像过去那样，只是堆砌冰冷的数据或在地图上圈画，标出欧洲各国与美国存在的各种文盲比例而已。

二战后，社会问题的研究范围超越了民族、国家与洲的界限，而遍及全球。战争的结果之一，就是亚洲人民，即东方人开始进入西方各民族的兴趣范围。大家都清晰地意识到，全世界所有民族都联合起来了。部分历史事件，如印度及其他亚洲国家的独立运动，加之人们为增进各民族之间的了解，在教育上做出的努力，使文盲成为迫切的现实问题之一。随着机械化的进程而产生的大量商品与工具普及各大洲，与世界上仍存在着几亿文盲的现实，构成物质进步与精神提升之间的尖锐矛盾，造成一种世界性的不平衡。因此，联合国教科文组织视教育为一种促使各民族之间关系更和睦的必要工具，将扫除文盲运动置于首位。①

教育问题当然不等于文盲问题。事实上，二者截然不同。教育关系到塑造人类精神，提升人类智力，使人类能适应“新世界”不断变化的情境。迄今为止，“新世界”仍旧处于不断发展壮大之中，人们在其中仍是毫无准备地茫

---

① 1950年，世界15岁以上成年人口中有7亿文盲，约占当时世界人口总数的44.3%。数据来自联合国教科文组织国际教育发展委员会，见于《学会生存——教育世界的今天和明天》，教育科学出版社1966年版。20世纪50年代以联合国教科文组织为核心组织实施了面向亚非拉国家的旨在扫除文盲的计划。当时，所有的积极倡导者，特别是联合国教科文组织坚信：人类的一切灾难都源于文盲。——编者注

然度日。尽管如此，教育必须以读写识字的方式进行，就像火车必须通过铁路网实现运行一样。

因此，独立后的印度，将民众的教育工作当作首要任务之一。

在解决大众温饱问题之后，接踵而来的是为儿童创办学校、为成人开设教育机构。东方各国政府逐渐认识到并一致认为，文盲是一个必须解决的重要问题。

早在一个半世纪之前，欧美各国也面临同样的问题，他们也认为必须逐步消除文盲与愚昧。他们通过英语表述为“3R”的教学，即读、写、算（Reading，Writing & Reckoning），向广大民众传授知识，“3R”教学尤其注重读和写。

这种尝试一实施就遇到很大的阻碍，同时也由于没有前例可循，犯了许多错误。东方民族可以说比较幸运，因为前人所遇障碍与所犯错误均可避免，西方的经验有很大的参考价值。既然已经有前车之鉴，自然可以大步向预定的方向行进。

欧洲在毫无经验可借鉴的情况下迅速推行儿童教育所犯的错误之苦果，又不幸落到儿童身上。儿童可说是人类历史上前所未有的奴役形式的牺牲品。

很少有人知道推动这项社会运动的主要力量，来自一场开创欧洲新时代的革命，它标志着重大科学发现和机械得以普遍运用的开端。

1789年的法国大革命出现了一种奇特的现象：在人民起义的暴动中，群众居然要求在人权内涵中加入“拥有卓越语言形式——书面语”的权利。这是一项史无前例的要求，它与反对压迫人民的专制行为似乎没有任何关系。

人们并没有遵照马克思的号召只要求面包与工作，也不局限于要求社会阶级与政府结构的改革，而主张人应有受教育的权利，以便能行使1791年颁布的《人权与公民权宣言》第十一条:“自由传达思想和意见是人类最宝贵的权利之一。”也就是说，每个公民有言论、著述和出版的自由。这些民众不但不要求减少工作，反而要求寒窗苦读，这是罕见的。

这种要求比粉碎专制统治的欲望更强烈。事实证明，单是推翻独裁，建立一种新的社会秩序只需要三年时间，而教导大众运用文字则需要一个世纪。

虽然革命的呼声是“自由”，但战胜文盲却不是靠“自由”获得，而是经由强制实现的。这项“扫除文盲”的巨大工程的实现，并不是因摧毁某个肆虐人民的专制政府而达成的，而是借另一个专制政权——法兰西第一帝国完成的。法国大革命的勇士拿破仑使人民士气大增，使旧习俗无法死灰复燃，毫无疑问地将大众导向一种新生活。在他的带领下，法国人民掀起汹涌的浪潮，摧毁了长久以来的壁垒。从对他的颂歌中，可以找到硕果仅存的真正胜利，即依照人权法案提升了民众的文化水平。

随着《拿破仑法典》的制定，义务教育首次出现在国家法律中。由于拿破仑将他的法典强加于欧洲各国，因此，这种教育原则在战后不仅遍及法国，也遍及帝国的所有疆域。

义务教育体制在许多欧洲国家建立起来，后又传到美国，由此，漫长而艰辛的扫盲工作开始了。当时，所有的文明国度均纷纷效仿。

民众教育开辟了人类历史的新篇章，教育开始发展并得以延续。这本是一项要求每个人付出脑力劳动的重任，但这个重任又被交由儿童来完成。

奴隶与儿童

在19世纪的最初几年，儿童作为文明进步的活跃因素进入历史舞台，同时，他们又沦为牺牲品。儿童无法像成人那样，领会这项攸关社会生活胜利的重任的重大含义。儿童从六岁开始就被“征召”，整个童年所感受到的不过是如同囚犯和奴隶般的痛苦，被迫背诵单词、被迫写字。这对他们来说枯燥无味，儿童既看不到它的重要性，也领略不到它对未来的益处。儿童被拘禁在沉重的课桌前，在惩罚的阴影下被迫学习，不仅牺牲了自己孱弱的身体，也牺牲了自己的个性。

在人类痛苦史上一向如此：所有的伟大胜利均以奴役为代价。埃及的雄伟建筑，罗马帝国跨越海洋的领域扩张，无一不是通过奴役人——迫使人在鞭子的威胁下，从事搬运石块或摇桨等单调而沉重的工作完成的。这项属于高度智慧领域的胜利也不例外。为了普遍推行读与写的技巧，人类需要奴隶，而这里的奴隶正是儿童。

在20世纪初曾兴起一场减轻儿童“被迫学习”痛苦的运动，尽管有部分改进，但今天的儿童距离完全拥有“人”的自然权利仍很遥远。

人们还不相信在学校学习的儿童是具有潜力的人，他们的价值并不只是局限于提升普遍文化水平，达成国家的目标，或给社会带来实际效益。儿童有其自身的价值，如果要改善人性，就必须深入地了解儿童：他们必须受到尊重与帮助。因为发展层次差异悬殊、社会不和谐等现象必然阻碍进步，如果这些得不到改善，那么未来人性就会仍像今天这样不完美。当今接连发生的种种不幸事件，清楚地表明：培养人类内在的能量乃是当务之急。

义务教育刚刚起步的国家可以借鉴前人的经验，从较高的水平出发，不应该再把儿童当作进步的工具，将之视为肩上承担文明进步重荷的奴隶。教育必须从帮助儿童本人开始，以开发人类的潜力。

满足儿童的需求，为其生命提供必要的帮助，应该是现代教育必须关注的基本问题。

儿童的需求并非只是身体的需求，心智与人格上的需求也同样重要，甚至更崇高。对人而言，愚昧比营养不足和贫困更致命。

许多人认为尊重儿童，关心他们的心智生活，就意味着让儿童处在无所事事的安逸状态，不让他们从事任何费脑力的劳动。事实恰恰相反！当我们把自然能量视为基础，也就是说，当教育方案能配合人类发展的特殊心理时，我们不仅能广泛并迅速提高文化水平，而且还能够强化个人的品质。

读写是文化的基础

人类文明进步是以科学为基础的，因此教育也应该在科学的基础上发展。

学习读写是义务教育的开始，是教育的基础，被视为教学科目之一。但实际上，应该把它与文化的其他方面区分开来。书写的能力并非某种单纯的技能，而是语言的一种高级形式，它比口语更进一步，补充口语并与之融合。

口语在每个人身上自然地发展，没有它，人就是个可怜虫，一个社会局外人，一个聋哑人。语言是使人有别于动物的特征之一，是造物者仅赐予人类的礼物，是人类智慧的表现。如果人类不能理解并传达思想，徒有智慧又有什么作用？若没有语言，人又如何能同其他人联合，去追求共同的目标，去完成某项工作？

然而，口语像一口气、一阵风，只能吹到身边人的耳中。这就是人类从远古时候起，就想方设法将思想传递得更远，并以之协助记忆的原因。例如，早期人类将各种图形符号刻在岩石上，或写在动物皮革上。从这些尝试开始，又经历许多演进，人们逐渐发明了字母，这是一项无比重要的成就！狄令吉[1]说：“这种成就对文明进步而言，要比任何其他的成就都伟大且重要，因为它可以经由一代代继承发展，将全人类的思想结合起来。字母不仅关系到这种外部发展，而且还关系到人类的本性，因为它增加了另一种表达形式，使自然语言更完整。”

如果人类比没有语言文字的其他动物高明，那么能读书写字的人又比只会说话的人高明。只有能写的人才掌握现代文明的必要语言，因此书写不能只看作学习或文化的一部分，而应视为文明人的特征。

当今的文明不可能依赖口语推进，文盲仍是进步的最大障碍。

最近，我偶尔听到一则消息：在中国，出现了一种运动。发起人是一个将全部智慧投入“推广白话文”的年轻人，他在设法解决尚没有人意识到的国民需求。目前要阅读中文最少需要认识九千个符号[2]，这使扫盲的工作难上加难，变得几乎不可能。这个年轻的改革家虽然没有引进新

① 狄令吉，英国语言学家、古文书学家和作家。——译者注

② 无法查证其来源，大约是指《说文解字》收字九千。——编者注

思潮、新宪法和更好的经济条件，甚至没有提到“自由”二字，但举国上下有口皆碑。

他显然是中国人民的造福者。他意识到有必要跟上世界的脚步，这种进步必须经由提升全体国民的文化水平才能达成。中国人民已意识到自身首要且基本的权利是：掌握文明必须拥有两种语文能力——读与写。这两种工具是起点，然后才谈得上文化。

因此作为学校很有必要理解以下的观点：一方面是与人的成长相关的两种语文能力——读与写；另一方面是在掌握了读写之后所要引进的文化。

书写爆发

有关读写方面，我想介绍一种从儿童身上得到的经验，对消除文盲大为有利。四岁的幼儿就可以开始学习写字，而且学起来会比接受义务教育的六岁儿童更加容易。六岁儿童至少要花上两年时间才能学会书写，在这个过程中还必须付出极大的代价，甚至是违背自然规律的努力；而四岁幼儿却能在几个月内学会书写，而且他们学起来非但毫不痛苦、毫不费力，甚至还兴致勃勃。四十多年前，正是由于在四岁幼儿身上看见了这种“书写爆发”的自发性现象，我才燃起将一生奉献给教育的愿望。

下面所要叙述的事实，具有很重要的实用价值。

如果不识字的孩子，从六岁起才开始接受所谓的义务教育，会遇到严重阻碍。因为在那个生命阶段学习读写，意味着浪费儿童的时间与精力。强迫他们从事枯燥的脑力劳动，反而使他们对任何学习活动产生反感，等于在吸取营养之前就剥夺食欲。如果儿童在六岁时已经学会读写，学校便可以立即开始用简单而有趣的方式传授文化，儿童也能趣味盎然地进入学习领域。

这种差异是根本性的。真正理性、现代、能提升全民素质的学校，应该依靠新儿童——即那些已经掌握两种语文能力的孩子，那些适应我们这个时代生活的优秀的下一代。

由于人类的知识普遍是用文字表达的，因此所有的学校均从教授读写开始。这是符合逻辑的。因为学校的目的是传授知识，所以向儿童提供传递这些知识的工具当然是有必要的。阅读与书写是开启人类知识宝库的钥匙，因为这些知识经由写作艺术而汇集、整理并累积在书籍中。正如我在前面提到的那样，书写有两方面的含义：写作本身既是一种技巧、艺术，又能蕴藏知识。

字母的发明使写字成为更容易的事，每一个人，包括儿童都能学习。这种发明不仅简化了文字，还使文字人性化，因为它将书写与口语直接联系起来，并使书写成为口语的补充。

各种语言中构成口语的音素（根据语音的自然属性划分出来的最小语音单位）数量有限，因为人类发音器官的运动方式及组合能力有限，这是全人类共存的局限性。有的语言只使用24~26个音素，有的语言用得多些，但这些基本语音终究是有限的。而这些语音通过排列组合形成的音节，由音节再排列组合构成的单字，几乎是无限的。一种语言可以无限地创造单字，没有一本词典可以包容所有这种按照数学排列组合形成的单字。

字母是组成并表示单字的发音的图形符号。这些符号也很少，与语音一样屈指可数。这种表现方式在所谓的“语音文字”[①]中有完美的体现。不过，每种字母构成的文字，或多或少都是以这个简单的原理为基础。当然，不是所有的字母文字均符合“语音文字”的发音，也不是每种

① “语音文字”，即遵照字母的读音就可正确读出单字的发音。——译者注

语言都完全按照字母的含义使用，不过这些困难可以经由调整而减轻。因为毫无疑问，各种语言及其书写形式都还在演进中，在追求完美的过程中。

这就是为什么学写字应该从分析单字语音开始，这是应该遵循的途径。学写字不应像学校现行的课本那样，从音节与印好的单字，即从背生字本开始。正确使用字母的方法是：提示字母本身的简单形状后，立即使它们与所代表的发音联系起来。这些单字的组合，就直接来自印在脑海中的口语。这很简单，孩子能奇迹般地迸发出拼写能力。因为字母本身通常简单易写，又为数不多，人人都记得住。照逻辑推理可以得出以下结论：如果按这个过程运作，拼写技巧便能自然产生，能立即表现每个人拥有的全部口语。

有了这把钥匙，学“写”的问题就迎刃而解了。孩子不仅可以在短短几个月内学会拼写单词，而且因为随着这样的练习而全神贯注，书写技巧也就自然发展。

将字母直接与口语结合，这是按照“内在的路径”掌握书写技巧的方法。这种技能来自个人分析单词组成音的能力，更来自对这种美妙的心智活动有高昂的兴趣。

然而，如果学习书写从书本开始，也就是从阅读技巧开始，同时这些书本提供的又是一些强制学习的生字，那么困难就大大增加了。这时，语言被分割，要写的字如同外来语，写字成为辨识无意义音节或单字的活动。

这种尝试是从完全陌生的语言、从没有意义的发音开始，从外部建构另一种语言，如同幼儿在生命第一年建构语言一样。

如果字母与口语直接结合，就等于将口语简单地翻译成书面文字，那么字母就永远与心中有意义的单字连接，拼写的进步是自然而然获得的。人们便可掌握双重语言，稳扎稳打，手眼并用，经由听觉与发声器官自然地累积语言的财富。倘若口语是一阵消散在空气中的清风，那么书面语言则是一件永恒的事物，能在眼前保持不变，能加以处理和研究。

正因为字母与单字发音存在这样直接的关系，才不失为人类的伟大发明之一。

字母的发明比其他发明对人类的进步更有影响，因为它改变了人类本身，为人类增添了本性之外的新能力，使人类拥有了两种语言：一种自然语言，一种超自然语言。经由后者，人类可以将思维传到遥远的国度，可以为下一代凝聚某些思想，能够超越时空的界限，实际地建立全人类的智慧宝库。

> 实在是奇怪！无论是接受过教育的人，还是未接受过教育的人，对他们而言，文字的发展史都是一个灰姑娘。无论是大学，还是中学，或是小学，都不把文字的历史作为学习科目。而且，没有一个重要的博物馆曾认为有必要向公众展示文字的发展过程。[①]
>
> (*The Alphabet*)

人们将精力集中在其他方面的进步上，没有对这种奇妙的工具予以足够的重视。

书写不等于字母，它是以实用且永恒的方式传达思想的一连串尝试，它的历史可以追溯到几千年前。人类先是用图画表达思考的主题，后来使用符号代表理念，只是最近才找到字母这种简单的形式。

图画无法完全代表理念，只有借声音组成的语言才可以。因为只有语言才能够真实地表现缜密思维与理念的内容。而字母之所以可能，就在于它能忠实地翻译口语。

传统的写字教学中，字母的作用未受重视。它只被用来做文字分析，从未被当作忠实表达口语的工具；它被埋藏在文字中，没有人介绍它的功能与便利性，因此写字成

---

① 后来，狄令吉终于在英国剑桥创设了这样的一个博物馆。——译者注

为一种枯燥的学习科目。在儿童的心智中，有很长一段时间看不到字母的目的与好处，连“语音文字”的教学，也像教跟发音没有任何关系的中国汉字一样，没有利用字母简单实用的优点。

我们自1907年开始教三到六岁的儿童写字，那是在罗马。我想我是第一个，也是唯一不用教科书的人，我创下了直接将字母的字形与语音联系起来的范例。结果真是美妙无比，出现了令人意外的“书写爆发”，我在孩子身上看见一种不知疲倦、激动人心的创造性工作。一个个完整的单字涌现在儿童心中，经由他们的小手，写满黑板、地板和墙壁。这个惊人的现象出现在四岁到四岁半的儿童身上。

我深信这份旧经验对今天的扫盲运动仍有用，因为它可以使我们得以利用自然的资源。它凸显了文字真实而简单的一面，也就是说，将文字直接同口语结合来，本身已算一种务实的进步，可以说老少皆宜。

这样，学写字成为一种自我表达的形式，并唤起一种兴趣，一种自发的活动。儿童面对这些明显的收获和逐渐产生的新能力，热情有增无减。

孩子在奠定了书写的基础后，便有如戴上了护身符，能使他们进入知识的海洋，又像打开了一扇新世界的门。

因此，在把写字当作一种新的自我表达形式、作为学习的第一阶段时，就应摒弃课本和生字本。因为这时“字母”就像一把从里面开启的钥匙。

文化与识字本是两回事。我们不难想象，在字母发明之前，某个经验丰富、德高望重的人可能目不识丁；但绝对无法想象一个不识字的现代人参与当代文化，即使他有高尚的品德。

我们思考语言的实用性，可以有两个不同的方面。

文字与自我表达有关，是透视作者人格的一种简单机制。它可以被分析，而正确的分析具有极大的价值。

掌握书写技能与摆脱文化上的知识贫瘠乃至成为文学家，并不是同一回事。

书写只与字母有关联，进而也与口语以及语音分析有关。而一个受过良好教育并且很有修养的文学家，则意味着他可以借由富含图像与思想的书籍，亦即阅读，进入与外在世界沟通的广阔天地。

我们在四岁幼儿（可以达到书写爆发的那个年龄）身上所做的实验相当重要。语言发展的敏感期持续到五岁，在此期间，幼儿的心智敏锐地吸收任何与文字有关的事物。可以说，这是写字活动可以开花结果的“生命季节”。开花结果不仅取决于种子和土壤的预备，也取决于播种的季节。

拼音分析的作用，可以使字母与口语结合起来，这对成人和孩子均有便利之处，但最佳使用时机是口语渐渐自然完备与完善的时期。这是造物者为达到这个目的，在幼儿身上设定的“心智敏感期”。这里可以真正使用“书写发展”这个概念，因为一旦字母与单字的发音关联起来，那两种语文能力便会像一个有机体那样一起发展、一起扩充，并同时得以丰富。

活动字母

语言机制的预备是一个自然的过程。说话正是从牙牙学语开始，渐渐预备发声的器官。到两岁时，当口腔等发声机制已成形，语言就在心智的推动下展现，幼儿不断吸收新的单字，持续经由环境、一同生活的成人身上吸收语言，而逐渐完善其语言结构。可见口语的发展分为两个阶段：第一阶段是经由长期练习预备发声机制，即语言器官灵活运作的阶段；第二阶段是智力主导的语言结构发展阶段。

在第二阶段，即智力主导发展的阶段，字母可用来帮助语言的完善，就像当成人已经学会读写之后，文化的吸收可以帮助其完善智力一样。

重要的是字母及其运用在孩子身上所产生的结果，即拼字的技巧，相当有助于儿童的语言发展。由于这真正有益于语言自发性的发展，又很及时，因此，儿童会如饥似渴地予以吸收。

我们所提供的字母是可以分离、组合的字形木块，我们称之为“活动字母”①。它们不仅能够提供刺激，唤起儿童对以前无意识时期获得的口语的注意，使之进入更清晰的意识，并引导他们分析组成单字的语音，而且还能够使这些语音化成可见的形状，具体地呈现在眼前。

活动字母是一种很听话的工具，儿童可以像玩拼图那样，随意移动组合字母以拼成单字，它导引孩子向一项美妙的征服迈进。还有什么比这征服更美妙？这些为数不多的活动字母，可以拼出为儿童所熟知的单字，以及他人念出的生字。因此，这种简单的心智练习活动，是帮助奠定、完善与巩固口语的一种有效方法。

---

① 活动字母是蒙台梭利方法提供的一种发展的方式。详见玛丽亚·蒙台梭利的著作《发现儿童》。——英文版注

这种练习的基础显然是单字的分析，所以是一种拼音练习，是根据单字的组成读音，而不是根据单字排列的字母来背诵拼写。这完全是一种内部练习，目的是检视自己的语言组成声音。儿童从未做过这种练习，如果没有具体可见的活动字母所提供的这把钥匙，也不可能做到。

儿童经由字母操作而发现自己的语言。每一次的拼音练习都是一种探究、一种发现，发现组成待拼字的声音。

这些练习也能引起不识字的成人的兴趣，也有事实证明确实如此。[①]字母对每个人来说都是一把探索自己语言的钥匙，能引发新的兴趣。兴趣产生的原因，不仅在于这种分析能使人克服背诵单字的困难，也在于令人意识到字母数量其实并不多。但虽然为数不多，却能在任何场合、以任何形式展现语言的全部。比如，某个成人能背诵某首诗歌或某段颂词，就能立刻用字母表现组成这首诗歌或颂词的所有文字。真是奇妙！图书馆里的所有书籍，每天无数报刊上登载的消息，都是由这些不多的字母排成的；生活环境中听到的言论，收音机中传来的新闻，也都是由这些有限字母的发音组成。原来如此！一个未受教育的人怎么

---

① 意大利全国扫盲总工会邀请蒙台梭利博士撰写名为《成人读写教学方法入门》的宣传册。该宣传册于1951年在罗马出版。——译者注

可能会不因此而精神振奋呢？这个事实对他来说，是一种发现，更是一种启示！

但吸引儿童的不是这些想法，在他们身上起作用的是某些生命能量。字母练习令他们兴奋不已，因为在语言发展期，孩子身上犹如有一团火，点燃了创造能力。

在最初成立的几所蒙台梭利学校里，孩子常常像游行一样，举着一些写有字母的纸牌，高声欢呼，表达他们的喜悦。

我曾在其他书中描述过一些孩子，他们一边散步，一边像僧人一样念念有词地低声分析单字：要拼Sofia，应该用s–o–f–i–a（孩子说的是每个字母的发音，而不是单个字母的名称）。

有一次，一位父亲问放学的孩子："你今天在学校表现好吗？"那孩子答道："嗯，好。Good，g–oo–d。"

可见打动孩子的是那个单词，他听到这个单词，就立即分析它的发音组成。

字母练习时语言整体运作起来，并引发了真正的心智活动。

值得注意的是，在进行所有这些练习时，手还没有开始握笔写字。儿童不用握笔就可拼出又长又难的单字。

拼合单字的练习不只是一种书写预备。在这种练习中隐含两方面的活动：一是写，因为该练习的客观结果是写出单字；二是读，因为当孩子注视拼完的文字并说出意义时，就是在读。因此，这些连续不断的练习，无论是口语还是文字方面，都不只是预备写字的方法，也是为正确的拼字做准备。

传统学校的儿童在写字时常常拼错单字，这种严重困扰经由活动字母的拼字练习完全可以得到消除。这种练习使儿童不用课本就会读，不必执笔就会写。脱离机械的练习，即摆脱以往抄写生字的方式。

抄写，即用手握笔勾画出字母，只是一种机械行为；它与运用智力的拼字活动完全不同，用打字机或印刷机也能写出文字。然而，手是一种活的机器，它的动作必须经过预备，才能为大脑服务。这种预备必须经由其他间接的活动完成，使手的动作达到必要的协调。

心智与执行器官，这两者的差别使得在实际中需要不同的预备过程。

写前的预备

如果我们像传统学校那样，让孩子经由抄写而学习写字，即使他们能克服困难，也还是会抑制孩子心智的运用。好像一个满有智慧、有主意又愿意倾诉的人，却没有掌握开口说话的技巧一样。类似的过程，如同在传统学校为让孩子清楚地表达，就叫孩子不停地说话；为让手做好写字的准备，就让孩子不停地写字。

假设我们要训练手指已经老化、僵化的工人，我们让他们从握笔开始学习写字，使用笔尖很细的钢笔或铅笔，他们一定会面对许多挫折和令人气馁的练习。分叉的笔尖，一摊摊的墨水渍和不时折断的笔芯，都会对他们造成打击。令人尴尬的成绩，对原来抱着满腔热情学写字的成人来说，真是一种严酷的考验。对小学生而言，笔也是一种折磨他们的工具，写字也在强制与不断的惩罚威胁之下，成了他们的苦差事。

手有其该有的适当预备活动。也就是说，在写字之前，可经由一系列有趣的间接练习，灵活手指肌肉，提高手指的精巧度，这些练习类似于运动前的热身体操。

手是一个外在器官，它的动作可以直接受训练的影响，因为它们是看得见的单纯动作，不像语言机制那样，需要依靠看不见的内在器官，如声带等。

手要写字，必须有多方面的动作协调，但这些动作可以经过分解而进行分组练习。如握笔的技巧，运笔的流畅动作，细心地掌握字母正确的笔画与结构的技巧，这些动作可以经由不同的练习分别预备。

经由感官教具的操作练习，孩子双手可达成书写动作的所有要求，然后只需指明握笔的要诀。握笔的精确性又引发孩子新的兴趣。早在幼儿期，孩子就在自然本性的驱使下，发展手的协调动作，如喜爱到处触摸、抓握、把玩任何到手的事物。孩子的小手在“游戏年龄”阶段受内在生命力的驱动，已经为日后的书写做了间接预备。在这个阶段，他们还热衷于绘图、涂鸦。然而，不要说到了成人阶段，即便是六岁的孩子，也已经失去拥有一双以自然能量为动力的“新手”的好处了。

如蒙台梭利学校的孩子那样，成人也可以采取类似的手部练习，作为预备书写的要件。他们已经脱离了游戏和爱触摸的敏感期，因此已在不经意的情况中固定了手的动作。工人的情形就更糟了，因为在学习写字时，必须戒除某些因工作关系已养成的手部习惯动作。

鉴于这种困难，应该提供一些手的活动，来间接预备成人文盲的手部肌肉。尤其是绘画，但不是自由随性创作，而是借助某些精巧的工具，绘制一些装饰图案。这是一种预备写字机制的“手部体操”，其目的类似以活动字母作为拼字的预备。也就是说，心智与手分开预备，经由不同路径，最终达到共同书写的目的。

现在还差最后一步，即如何真正用手写出耳濡目染已久的字母。

传统学校采用的方法，是让儿童按字母的范本临摹。这种方法好像合乎逻辑，其实相当天真。因为这里手的动作与眼睛没有任何直接联系，眼见并不能帮助手写。按照范本模仿，靠的只是意志力。在说话时，听觉与发音之间有着神秘的内在对应关系，这是人类的特征之一。然而，书写并非如此。因此，临摹是一种人为的努力，带来的是一系列不甚完善、耗费精力又令人沮丧的尝试。

手可以经由预备之后直接写出字母。如果有一种感官可以帮助手写的话，那就是触觉、肌肉感，而不是视觉。因此，我们为孩子预备了一些用砂纸剪成的字母，并将它们分别贴在平滑的厚卡纸上。它们的大小与形状均同活动字母吻合，然后我们教儿童用手指按笔顺触摸字母。这是一种极为简单的动作，但却能够带来奇妙的效果。因为儿童在触摸的同时，将字母的形状深深地印在手上。当他们开始在纸上书写时，其字体完美无缺，而且所有儿童的笔迹均相同，因为他们触摸的是同样的字母。对不识字的工人可以采取同样的方法。任何成人都能在手指敏感度的引导下，触摸砂纸板字母，由此也能勾画出字母的简单轮廓。

据我所知，大约在两个世纪前，一个在梵蒂冈工作的艺术家，就是这样教成人书法的。当时人们仍用手写书，在羊皮纸上抄写文件，完成艺术作品，所以一手漂亮的书法，是专业人员必不可少的条件。但是，人们很难写出一手无可挑剔的好字。那个艺术家让人不经由临摹而用触摸字母的方法练习写字，在短时间内成功地培养了一批书法家。而以往要达到这样的效果，需要经过一段冗长而未必有效的训练。

这种方法，就像哥伦布竖立鸡蛋一样简单：既实用，又合乎逻辑。

一切都准备就绪之后，手就可以真正写字了。如果心智已经历过单字建构的练习，可立即拼出完整的单字，甚至是句子。书写便会突然“爆发”，仿佛是一种奇迹，一份由造物者馈赠的新礼物。

这就是著名的四岁儿童“书写爆发”现象的前因后果。他们按照触摸过的形状书写，所以写得好，而且拼写正确，因为还有先前借助活动字母积累的拼字经验作为基础。

阅读的训练

儿童学习书写的速度之快，令人咋舌。在我最初的实验中，孩子10月份开始第一次接触字母，到圣诞节期间就已经能给自己的捐赠人写信了，而在此之前，他们早已能在黑板上写“欢迎来宾”的词句。

值得注意的是，那些孩子的手因长期操作感官教具，已经获得写字的间接训练。而意大利文几乎完全可以照语音拼写，字母又只有21个。①

---

① 蒙台梭利教学法对印度语和印度文字的教学与学习同样十分奏效。具体内容详见国际蒙台梭利协会主持的项目“印度蒙台梭利培训课程”。至于这种教学的具体应用，可以在印度本土的蒙台梭利儿童之家观察到。——英文版注

但使用非拼读文字系统的孩子也有同样现象发生，只是时间会稍微长一点。在所有用非拼读文字的国家里，如英国、荷兰、德国等，六岁的儿童已不再目不识丁，可以阅读和书写了。

至于阅读的训练，在某种程度上早已含在活动字母的练习之中了。对于那些完全拼读的语言来说，只要有探究文字奥秘的强烈意愿，就不需要更多的辅助而可以自然发展。

蒙台梭利学校的孩子在星期天随家长外出散步时，会驻足于商店前，解读各种招牌、广告——虽然那些名称常是小写的印刷体，而他们惯用的活动字母则是草写体。因此，他们所做的，可说是真正的翻译工作，类似为已消失的古人文字做解码的工作。唯有那些对文字拥有强烈兴趣想去了解的人，才肯下苦功夫。

在第一所蒙台梭利儿童之家里，所有儿童的家长都是文盲，因此他们的家中也没有书籍。有一次，一个孩子带来一张又皱又脏的纸，说："你们猜这是什么？" "一张破纸。" "不对，这里面有一个故事！"其他的孩子马上围在他身边，惊讶万分，人人都觉得那是奇迹。从那以后，孩子会到处寻找书本，也可能会撕下其中几页带回家。

这个插曲说明：阅读能力的获得，与其说是靠教学，还不如说是靠孩子自己的心智活动。

五岁时，孩子已能阅读整本书，而且阅读给他们带来满足和乐趣，就像成人给他们讲故事、告诉他们新闻一样，他们感受到无比的快乐与满足。

儿童在学会阅读后对书籍颇感兴趣。这个事实如此明显，似乎无需赘述，但在传统学校里，阅读却是先从书本开始的，儿童必须经由阅读学习阅读。

然而，最初的阅读是按成人的偏见，即成人按照想象中儿童应循序克服困难而设定的：从短词到长词，从简单音节到复合音节，等等。也就是说，在每一个阶段，儿童面前都被设置了一些他们必须克服的障碍。

实际上那些困难并不存在。阅读不需要克服上述成人假设的困难。儿童在母语口语中已经拥有长短不一的单字及各种音节。因此，只需做一个发音分析，为每个发音寻找相应的字母。就是这样！不能理解这个事实的人，当然觉得不可思议。

阅读是进入文化领域的文字入口，不像写字那样，是一种自我表达的工具。它的目的是经由字母符号，收集并重建其他人所表述的无声文字与理念。

阅读也需要一种预备。

虽然这里无法详细描述预备的方法，我还是要重申，阅读不应从书本开始。我们是从一系列教具开始做阅读预备的，从写有某个儿童熟知事物名称的小卡片开始，让孩子辨认单字的含义，并将小卡片放在相应事物（或图片）旁边。接下来，我们给孩子一些指示动作的短句，读过之后要立即照着做。名称卡片是教儿童认识句子构成的一部分，即名词；指示动作则是教儿童组成句子的另一部分，即动词。这样，最初的阅读练习可以当作研究文法的前奏。

两岁的幼儿学习的不只是单词，还有表达思想所必需的系列单字组合。因为各个单词无法单独表达思维，必须按照一定的顺序排列之后，才能使所要表达的理念清晰，因为每一种语言均有它特定的逻辑顺序。

正如单字的音节分析在拼字阶段能帮助儿童领悟自己的语言，以句子的组成结构为基础的阅读，也能帮助他们了解句子各部分的文法功能，及其应放置的位置。文法在这种分析中发挥“建构性”的功能，而不像在传统方法中那样，被视为肢解句子各部分的方法，“断章取义”来分析。

作为文法练习的阅读纸条，简单易懂，又趣味无穷。

尤其是它们还要配合动作。不只是手的动作，有时是整个身体的动作。这些活泼的阅读练习，有利于动作与游戏的发展，从而帮助孩子进行更多的语言探索，比如那些早已无意识地获得了的语言表达方式。

由于阅读是用眼睛，为了使它们生动有趣，不但采用较大的字体，还以不同颜色的铅笔标出不同词类。这样不仅方便阅读，还使句子的结构一目了然。

因此，探索已经获得的语言，进一步领悟它，是经由与阅读有关的趣味练习来完成的。在此刻，在这个生命阶段，我们能够帮助儿童矫正他们言词中的文法错误，正如稍早的活动字母可以使拼音更正确一样。

在我们的实际经验中，出现过不少使外人难以理解的事实。比方说，在各种练习中没有一个循序渐进的课表，所有练习都一起并行：那些已经做过的，还可以重复再做；那些被传统学校列为较难部分的内容，可能出现在简单练习之前；在同一个上午，难易练习交替进行。一个已经会读整本书的五岁幼儿，可能会兴致勃勃地重新回到文法分析练习中，参加相关的游戏。

因此，阅读被直接带进文化层面，因为它不仅是儿童阅读，还涉及认知过程，即深入了解自己的语言。在这个美妙的过程中，儿童遇到并解决所有的文法难题。为适应句子表达的特殊性而产生微小改变的单词，它的前缀、后缀和词尾变化等，都成为有趣的探索对象。动词时态变化可谓引发了一种哲学分析，让儿童了解到句子中的动词乃是描述“行为”的语态，而不代表说话者正在完成的动作，儿童由此意识到各种时态意义。至于不规则的动词，它们早就存在于口语中，现在只是需要“发现”它们的不规则性。

这与学习外语完全不同，外语样样都要从头学起。然而，传统学校的母语文法教学是否如此？是的，在传统学校，孩子就像学外语一样学习母语。

这种简单明了的文法分析练习也可以用在成人识字运动上。否则，他们在学习阅读时，必须吃力地理解书本上单调乏味的白纸黑字。这代表在同一时刻辨认两种不同字母的困难。这两种字母一是手写的字体，一是印刷的字体。语言的文法探索，不仅有助于增进阅读能力，而且还能带来满足感。因为它使人对自己的语言有所觉醒与领悟，同时，读书也使人专注地去理解别人的思想。

而且，实际上也不太容易找到大量熟知文法的老师，去教大批失学的成人。用这种事先预备好的教具，可以弥补临时教师数量的不足。对于老师来说，教学的负担也减轻了。二战后在英国进行的一项实验中，一位苏格兰老师说:“我面对一大堆要处理的事情，简直手忙脚乱，但这套教具弥补了我的不足。整个班级变成了一个‘文法农场’，人人都忙得不亦乐乎。”

就像我前面提到的，文化本身不应同学习读写混为一谈。五岁的儿童并不是因为学习读写而变得见识广博。因为拥有智慧，在学习读写之前他们可能已经学会了很多东西。事实证明，我们学校六岁的孩子已经从看得见、摸得着的教具上，直接获得不少有关生物学、地理学和数学方面的知识。当然，这不是我的重点，我原来想谈的是一个迫切问题，即如何消除大众文盲现象。

文化可以经由演讲、电台和唱片等传播，也可以经由幻灯片、电影等影像传播，然而，最为重要的是，文化可以经由自己的活动习得。让儿童按照自然的发展节奏，在求知本性的驱使之下，经由教具帮助自己获得文化。自然规律显示，儿童吸收文化必须经由个人经验，不断重复有趣的练习，还必须经常运用双手，因为手是协助心智发展的器官。

AMI 中国唯一正式授权培训机构

◇ 组织和主办国际蒙台梭利协会职业教师认证培训

◇ 为中国的蒙台梭利教育机构提供专业支持与服务

◇ 举办国际专业学术会议，编辑、出版专业学刊

◇ 组织中国蒙台梭利专业教师赴海外学习、深造

International Training Center of Montessori Education of China

中国蒙台梭利国际教育培训中心

中国蒙台梭利国际教育培训中心（MTC）是国际蒙台梭利协会（AMI）官方正式授权的在华培训机构，其总部位于杭州，专业从事 AMI 职业教师认证培训以及蒙台梭利教育教学的推广、普及和改进。

AMI 是由玛丽亚·蒙台梭利博士及其子马里奥·蒙台梭利于 1929 年成立的。AMI 的核心目标是保持、传播和深化蒙台梭利博士的理念和原则，促进人类的全面发展。

MTC 的使命

- 培训高素质的教育者
- 为那些弱势群体使用蒙台梭利方法提供更多的便利
- 继续蒙台梭利方法的研究和学习，从而能够分析教育实践并为其提供信息支持
- 通过拓展项目和合作关系来传播蒙台梭利教育原理及实践